99%的人生問題，

すべて潜在意識のせいでした

潛意識在說話

宮增侑嬉

源自沒察覺的思考

楓葉社

前言

思考化作現實——

相信許多人都曾聽過這種表達方式。

如果真如這句話所說，那麼只要不斷想著「我想變有錢人」、「想取得工作成就」、「想來一場最棒的婚姻」、「想要一直健健康康」、「想住在大房子裡」，這些願望就真的能成為現實嗎？

我想大多數的人應該都會覺得「怎麼可能這麼簡單就能做到」吧。

想要讓思考化作現實，在不斷思考著夢想、目標或想要取得的事物前，其實最需要做到的是「思考的重新檢視」。

目前普遍認為我們的意識分為「顯意識」與「潛意識」。我想也有許多人知道在這當中，不自覺的「潛意識」會遠比「顯意識」還要來得更加強大。

而顯意識與潛意識這兩者之間的比例竟達到驚人的1%：99%。

換句話說，我們絕大部分的思考幾乎都是不自覺的潛意識。

正因如此為了將思考化作現實，我們就必須先重新審視那99%的潛意識。

潛意識中並非只有正向積極的思考。憤怒、忌妒、憎恨、悲傷等等，當中也累積了很多負面的思考。我們既不會想要正視這些負面思考，甚至會覺得這些「不自覺」狀態下的負面思考根本沒必要刻意聚焦。

然而若不仔細審視並接納這高達99%的潛意識中的負面思考，便難以實現將思考化作現實的願望。

我們長久以來都在不知不覺間堆積了大量不自覺的思考。如果能夠重新審視這些思考，就能逐漸創造出自己期許的世界。

「那該怎麼做才能重新審視不自覺的潛意識呢？」

我想在目前的階段各位都會這麼想吧。在本書中，我接下來將會詳細告訴各位重新檢視思考的方法。

在閱讀本書的過程裡各位肯定都會稍感驚訝，想說自己「竟然在想著這種事嗎？」會有這樣的反應正是因為你正在替換掉至今為止不自覺深信的事物。

不過在閱讀完本書後，各位一定能學到與自己的潛意識打好關係的方法。將重新審視思考這件事當作每天生活中的一環，就能憑自己創造全新的人生，並在最後走向幸福的結局。

潛意識在說話

CONTENTS

第1章 累積在潛意識中的思考機制

第2章 干擾幸福的罪惡感真相

第3章

治癒自己，了解自己

第4章

察覺思維的多樣性，重新建構世界

第5章

【Q&A】重新審視潛意識的要訣

※本書所提及的花精及各式療法，旨在提供情緒調整的參考建議，非屬醫療行為，亦不具診斷或治療功效。使用前請依個人情況審慎評估，必要時諮詢專業人士。本書作者與出版方不對花精及各式療法所產生之結果承擔責任。若有身心健康上的疑慮，建議尋求專業醫療協助。

第1章

累積在潛意識中的思考機制

為了將思考化為現實
必須事先知道的基礎知識

眼前的人全都是我的一塊碎片

必須在群眾前演講時、必須與第一次見面的人對話時、去新的職場上班時——在這些時候，我想大部分的人都會感到緊張吧。

可是我即使在這樣的場合也不會緊張。這是因為我認為，眼前不管是什麼樣的人都是我的分身，都是我的一塊碎片。如果大家都是我自己，那就沒必要感到緊張了。

舉例來說，現在請各位想像自己身在為了考取證照所前往的考場中。周圍許多人肯定都緊張得坐立難安吧。

但如果考場中的所有人都是自己的分身，你覺得怎麼樣呢？

是不是覺得「大家都是自己，希望大家都能考過」。

即使是在無法每個人都取得勝利的比賽中也是如此。如果是網球比賽，要不就對方贏，要不就自己贏。越是重要的比賽，想必雙方也越是緊張吧。然而就算理論上很奇怪，但若對方就是自己，也同樣會想說「希望彼此都能充分發揮實力」吧。

電車上坐在眼前的那個感覺心情不太好的大叔、在超市裡思索晚餐菜單的老奶奶、在玩具賣場裡哭喊的小女生，大家全都是自己的分身。

我希望大家首先都能養成以下這種思考的習慣：**周圍的所有人都是自己的分身，然後帶著那些自己的分身都能夠過得一帆風順、都能幸福的心情來看待整個世界。**

即使是負面的事情
也全都是自己創造出來的

不只是周圍的人，身邊發生的事也都是自己的思考所創造出來的。

比方說有些人就算是小地震也很害怕，可是有些人卻完全察覺不到晃動。這種差異與那個人自身的思考有密切的關係。

地震時地面會搖晃。這樣說來，也能想作是自己的基盤正在搖晃。在想要對自己說「快動、快動」的時候，或是自己覺得「想要改變」的時候，地震就會在這時發生。

相反地，如果某人說「咦，有地震嗎？」就表示他覺得自己現在這樣就好了。

像這樣不論是發生令自己很困擾的事，還是面前出現令人非常厭惡的人時，還請試著想像這些全部都是自己的思考所創造，是從自己的潛意識中誕生的事物。

有些人聽到這裡或許會覺得「難以想像討厭的事情是由自己創造的」、「都是我的錯才發生討厭的事嗎？」或者「都是我的問題嗎？」等等，但所謂「重新審視思考」這件事並不是在「找戰犯」，看是誰催生了討厭的事情，也不是在「評斷」誰對誰錯。

這並不是什麼「我的錯」，而只是藏在自己心中從未發現的思維才是讓自己陷入不幸的問題根源。

所謂令人討厭的事情都是為了改變自己、為了把自己帶往更開心的方向而由自己所引起的。

替換掉負面思考

說到底，光憑自己是很難理解自己的，所以我們才會在這世上創造出各式各樣、形形色色的人，透過觀察這些人來了解自己。

也就是說，若能學到**將出現的人都當成自己人的思考方式**，就能一步一步漸漸了解自己。

地震、雨天、下雪、通勤途中電車暫停行駛、路上紅燈一個接一個沒辦法好好開車、又或是挖苦自己的人，若以上這一切全部都是自己的思考所創造的——如果全部都是自己創造的，那就表示這一切也都能靠自己替換、更新。既然如此，**只要自己把負面思考或不好的想法換掉就可以了。**

不過，負面的事情不見得就一定是糟糕的事情。**這些其實是為了了解自己真正想要什麼的重要訊息。**

如果能夠先做到把身邊的人事物全都當作是自己的思考，那麼就開始能以從容的態度來處理事情，即使發生討厭的事或遇上什麼麻煩也能冷靜以對。

若能像這樣了解思考的運作方式並完全接受這樣的機制，那麼三個月後、半年後、一年後，我想你就能看見與現在截然不同的自己。

【方法①】透過「花的冥想」來放鬆

接下來在實踐使思考化作現實的方法時有一件非常重要的事，那就是**必須在「放鬆」的狀態下**實踐。

要是處在緊張的狀態，就沒辦法從潛意識重新審視自己的思考。

在這邊我要向各位介紹的是「花的冥想」這個放鬆的方法。

花的冥想是一段重置自我的時間。我們要做的是感受自己心中綻放的一朵花，創造能夠放鬆的狀態。這麼做同時也能治癒自己。看完以下冥想的方法後，就試著一步一步開始放鬆吧。

請先輕輕閉上眼睛。

接著放鬆身體，並稍微挺直背部。深呼吸3次。

這時心情會變得相當沉靜、安定。

現在你的眼前有一朵花。

那是什麼樣的花呢？

什麼顏色的？是什麼形狀？

花的大小有多大呢？散發什麼樣的香氣？

請仔細品味顏色、形狀、香氣等花的一切。接著感受花的能量。

這朵花是綻放在你潛意識深層的花。

請充分欣賞這朵花的美麗。

然後試著從這朵花領受對你而言最為必要的訊息。

綻放在你心中的這朵花總是溫柔地關照著你。當你身心感到不舒服時，這朵花能夠輕輕地治癒你。

將這朵花收藏在你的心中吧。

你無論何時都不會是孤單一人的。這朵花總是綻放在你的心中，永遠為你加油打氣。請放寬心，試著感受現在位於此處的自己。

接下來將注意力轉移到自己的身體吧。

請慢慢做一次深度的深呼吸。

讓意識漸漸回到你周圍的聲音、物體以及你的身體。

那麼請睜開眼睛。到這裡就完成一次冥想了。

每天數萬則思考都累積在潛意識當中

我要將思考100％化作現實。越是這麼想，越能得到改變現實的強大力量。

之所以會發生對自己來說討厭或不幸的事，是因為自己因為某種理由在心裡產生促使那些事發生的思考。可以說正是因為小看了自己的思考力量，**至今總是抱持著負面思考，結果才發生了令人討厭的事。**

那麼為了不輕視自己的思考力量又該怎麼做呢？其中一個有效的做法就是前面提到的**「將所有人都當成自己的分身」。**

我們先在這裡了解並掌握思考究竟是怎麼一回事。

據說我們每天會對各式各樣的事物產生6萬～10萬次的思考。

「因為房間好髒，所以來打掃好了」、「好期待明天的旅行」、「那個人說我壞話，好難過」、「成績提高了，真開心」、「工作接二連三地來，必須快點做完」、「最近找個時間去看那部電影」、「肚子餓了，來吃飯吧」等等，可以知道光是有意識的思考就非常多次。

而無意識的思考更是多如牛毛。比如說走路時，雖然不會想著「把右腳往前踏，接著踏出左腳，雙手交互擺盪……」這種事，但這每一個其實也都是思考。

吃飯的時候當然也不會逐一想著「我接下來要用右手握筷子，用左手拿碗，然後小心把飯夾進嘴裡，不讓米粒掉出來」，但這全部也都是思考。這些動作都是在無意識的狀態下思考並進行的。

不論是有意識地還是無意識地所想的各種事情全部都會被儲存起來，而這就是潛意識。在數量上如果從每天6萬次×365天×年齡來計算，那麼一個50歲的人累積在潛意識當中的思考就會高達驚人的10億9500萬次。

在潛意識當中，不管是好的思考（正向思考）還是壞的思考（負面思考）全部都會被儲存起來，沒有任何人的潛意識裡只會有正向思考；**實際上潛意識裡也儲存了大量的負面思考。**

創造現實的2：2：6思考原則

如果將累積在潛意識裡的思考大致進行分類，可以劃分成以下這幾種。

正向思考　20％
負面思考　20％
含糊思考　60％

這3種思考所蘊含的能量不同，也各有適當的方式來處理這些能量。**若能了解適當的處理方式並實行，「好事」發生的速度就會變快許多。**

換句話說，這也代表壞事從今以後就不太會發生了；而就算真的發生了，也能夠沉住氣冷靜處理。

這世上有種原理稱為「吸引力法則」，而我會將這個原理描述為「思考現實化」。**思考的量在自己心中增加之後**，便會在現實中產生吸引力。

隨著思考的量增加，你將能夠在離你的現實世界距離更近的地方目擊、觀察到這些思考，並在最後實際獲得心中思考的事物。

相反地，若自己潛意識中那些思考的量減少，那麼思考的事物就會離你的現實世界越來越遠。

正向思考與負面思考，隨著這兩者間量的平衡不同，可能會感覺到壞事正遠離自己、好事接二連三地來，也可能會感覺到好事越來越少，壞事則一次又一次找上門來。

話雖如此，想要發生更多好事並不是單純只增加正向思考就好。**更重要的是面對負面思考與含糊思考，需要透過適當的方法來妥善處理各自的能量。**

讓我們先從了解負面思考、含糊思考以及正向思考的特徵與處理方式開始吧。

負面思考的處理方法

——看穿已成習慣的負面思考

別認為負面思考是「負面的」

為了讓人生幸福、生活多彩豐富，事先知道該怎麼處理負面思考是很重要的。

我想我們都不太喜歡去看自己負面或黑暗的部分吧，所以才往往會假裝沒看到那些負面思考並置之不理。

可是若不妥善處理這些負面思考，那麼這些思考就會變得越來越暴躁，以至於到最後引起叛亂。**我們必須好好對待負面思考，不把它當成壞蛋，而是看作潛意識中的一項珍貴寶物。**

由於潛意識每天會儲存6萬～10萬次的思考，因此從出生開始累積到現在會形成許多像是習慣般的思考方式。

即使這些是負面思考，但因為是從小時候開始就累積的，所以很容易把它當成「理所當然」的東西，不認為那是負面的。憑自己很難察覺那其實是負面思考。

為此，**我們必須看穿那些對自己而言太過理所當然的負面思考。**

「嫉妒心」是正在吸引好事的證據

那麼該怎麼做才能看穿那些變得理所當然的思考呢？最基本的思維是**「長久累積起來的思考會顯現在自己的周圍」**。

本章一開始就告訴各位「所有人都是自己的分身」，這意味著我們可以透過觀察周遭的人在說什麼、周遭的人處於什麼狀況，藉此來看穿自己的思考。這是我們必須具備的第一個觀念。

從自己身邊發生的事情來看穿自己的思考時，其中最好懂的就是「**嫉妒心**」。我想大多數的人應該都有過這種痛苦的經驗吧？

嫉妒心源自自己非常想要一件事物，卻怎麼樣也無法取得時所產生的情感。

舉例來說，假設你現在心裡覺得「好想要結婚！」並開始投入婚活當中。你可能會向身邊的朋友或熟人說「如果有不錯的人跟我說一聲」，或註冊婚活網站，又或是積極參加有很多機緣的聚會。當你這麼做的時候，就會開始注意到身邊那些比自己還早結婚的人。

其實這是累積了許多正向思考，結婚離自己越來越近的一個好訊。

可是如果你不知道思考的機制，心裡就會感到焦躁不安或悶悶不樂，覺得「為什麼她能夠比我還早結婚？」、「我認為我是更好的女人啊！」等等。

這就是嫉妒心。

到了這一步，「反正我沒辦法結婚……」的情緒就會擠下思考並佔據優勢，最後進而成為現實。這個時期如果觀察身邊的人，就會開始發現結婚的人變少了，或能夠聽到各種有關離婚的故事。

最終這使得「想結婚」這個思考的量減少，於是結婚就離現實越來越遠了。

別人的幸福會成為自己的幸福

若再舉一個例子，那就假設你現在心裡覺得「想變成有錢人」，並正在努力工作。要是身邊開始出現中樂透、獲得龐大遺產、或換工作年收入倍增的人，那就是正向思考正在累積，金錢終將進入自己口袋的訊息。

如果此時被「那個人沒什麼努力卻能得到這麼大一筆錢，世界真是不公平」、「他父母是資產家真好」等嫉妒心拖累，那麼就會累積「我不過是一介上班族，不可能變有錢人」、「畢竟我們家本來也很窮」等灰心喪志的思考，最後讓「變成有錢人」這個現實離你越來越遠。

而要是知道思考的機制，那麼你應該可以感覺到，那種嫉妒心其實也是一種好消息，因此不會受到嫉妒心拖累，也不會產生上面那種害到自己的念頭。

如果看到身邊的人會湧起嫉妒心，那就試著去想「我吸引到了好事，正讓思考化作現實」、「嫉妒心不過是我會錯意」、「朋友結婚是我帶來的契機」、「那個人中樂透都是多虧我的福」。

然後最重要的是**打從心底稱讚自己「恭喜，太好了。接下來就要輪到我了！我真厲害！」。**

「憤怒」的能量是你的力量

除了嫉妒心之外，壞的思考（負面思考）中還有「憤怒」。**憤怒具有極為龐大的能量，是一種能夠成為強大動力的思考。**

比方說若在工作上出了一些很令人不甘心的狀況，那心裡就會生起「可惡！我下次絕對要成功讓你們看看！」的念頭，最後真的完成一件了不起的工作。我想不少人也都有過這樣的經驗吧。

在不得不從人生低谷奮發向上時，**憤怒是非常有效的巨大力量。**

可要是心裡始終都抱持著「可惡！」這種思考，那反而會把自己打落谷底、傷害自己，甚至演變成嚴重問題或引發事件。

正因為如此，我們更**不能放任憤怒隨意增長，必須要掌握時機轉換成能夠治癒自己的「愛」。**

此時很重要的一點是**仔細關注憤怒的真相。**

發脾氣或焦躁難耐時，還請積極找出「為什麼我會生氣？」、「我為什麼會覺得焦躁不安？」等問題的答案。

憤怒絕不是消極、負面的思考。

憤怒是用來察覺自己心中隱藏至今的心意時很重要的一個訊息。希望各位可以承認自己心中確實存在著憤怒。

未受重視的感覺所催生的事物

憤怒的思考麻煩的地方在於，人很有可能完全沒發現自己「正在生氣」。

促使憤怒湧上心頭的重要原因之一，就是「自己未能受到重視」的感覺。**當覺得自己沒能受到重視時，我們有時候就會想欺負某個人或讓別人感到困擾。**

不僅如此，**甚至還有可能會感到氣餒而讓自己陷入不幸，進而生病臥床。**透過像這樣傷害自己的方式，便能夠下意識地向周圍強調「希望你們關心我」、「希望你們多珍惜我」。可以說生病也是一種「憤怒」的顯現。

因此，**請各位有意識地增加「自己疼惜自己」的念頭。**詳細方法我會在第3章告訴各位。

此外，任何人的心中也都會有數十年間累積形成，令自己感到困擾的事。

舉例來說，有些人會在輕鬆的聊天中無意間談到「在我小時候，爸爸因為工作很忙幾乎都不在家」。之所以會冒出這句話，可以說是因為這個人的心底其實對父親感到生氣。小時候的記憶會埋藏在潛意識最為深處的地方。而越是在深處，就越難以作為情緒而表現出來，成為自己也覺得理所當然的事。

顯意識裡就只有「小時候父親工作很忙」這個想法。但對說話的那個人而言，這是談到小時候的經驗時會立刻浮現的回憶之一。也就是說，這件事對孩提時期的自己來說應該是一件引起了劇烈情緒反應的事情。

而要說到在那孩提時期儲存了什麼樣的思考，儘管聽起來可能有些誇大了，但其實就是「明明希望爸爸可以跟我一起玩」、「竟然把我丟在一旁」等憤怒（或許這確實能說是很孩子氣的「憤怒」）。

可能有些人聽到這裡會很訝異「什麼？那就是我的憤怒嗎？」，但那是因為憤怒的思考成為了理所當然的事，所以你才沒有察覺。

實際上那些累積在潛意識深處的憤怒，時常作為令人困擾的行為宣洩在目前的伴侶、小孩、朋友以及同事身上。

或許有些人還是會因為這太理所當然，憑自己難以了解這點。這時候若至少能留意到**「潛意識的深處可能累積著這種思考」**，那麼便漸漸能看出現在心裡的憤怒究竟是怎麼一回事。

含糊思考的處理方式

——不要放任不管，用溫和體貼的心情面對

細心謹慎地抓住那些小小的不滿與怒氣

含糊思考指的是那些自己也不清楚、難以捉摸、只是憑直覺覺得是那樣的思考。

因此最大的特徵是**相較於負面思考，含糊思考的能量顯得非常微弱。**

然而含糊思考**會幫助正向思考與負面思考中比較佔優勢的那一方**，所以這種思考的另一個名稱就是「牆頭草思考」。

若可以讓佔整體60％的含糊思考成為正向思考的盟友當然是好事，不過含糊思考往往會被我們放任不管，這麼一來當負面思考的能量較強時，含糊思考就會站到負面思考這一邊。

因此若湧現自己也不清楚、總感覺難以釋懷的心情，那就不要就此置之不理，**而是利用言語的力量為這股能量指明一個方向。**

舉例來說假設雨天搭乘電車時，匆忙趕上車的人甩了甩傘，把水滴噴濺到你的包包上。想必各位這個時候會覺得有些煩躁吧，可是通常我們會想「反正他看起來沒惡意，就算了吧」或是「即使向對方抱怨也無濟於事……」然後當作事情沒發生過。

而這正是對含糊思考放任不管的狀態。

當發生這樣的事情時，就需要重新審視自己的思考，想想「嗯？我被水滴噴到正在生氣吧？」、「我是不是想跟對方抱怨『你把我的包包給噴濕了！』」、「他一句道歉都沒有，是不是把我當笨蛋!?」。還請各位試著細心地抓住那些令人一瞬間感到煩躁的含糊思考。

含糊思考可藉由「話語」讓自己看得見

從含糊思考中找出憤怒的情感後，**就透過「話語」的形式仔細詢問自己**，比方說：「我並不想要『被人看不起了』這種憤怒的情感，沒錯吧？我想創造出的並不是會產生憤怒的事物，沒錯吧？我想創造出的是會被人珍惜的自己，對吧？」

若能像這樣正視每一則含糊思考，那麼自己身邊那些令人煩躁的事，或自己很討厭的人等等，就會逐漸消失不見。

請不要對稍微令人生氣的事或總覺得悶悶不樂的事置之不理，**我們可以用平靜的心情與自己面對面，並藉由話語表達出來，這麼一來，含糊思考所蘊含的微弱能量就會變得更加穩固且強大。**

於是含糊思考會變得不再含糊，並順利成為正向思考的盟友。

正向思考的處理方式
——基本上放著不管就ＯＫ了

正向思考化為現實時的陷阱

如同前面所述，只要能夠妥善處理能量強大的負面思考，以及雖然能量微弱卻可能成為負面思考幫兇的含糊思考，那麼正向思考便可以逐漸佔據優勢。

因此相較於其他思考類型，我們其實不需要花費太多力氣去顧及正向思考。**只要不受到負面思考的阻礙，正向思考自然就會化作現實。**

可是夢想與目標逐漸迷失的人，很有可能會被負面思考嚴重影響，以至於感受事物的能力變得相當遲鈍。

我們心中原本都具有「想成為這樣的人」、「喜歡這個」、「想進一步追求這個」等各種心情、目標、夢想或是好奇心。

但要是內心有「就算有夢想也不會實現」等念頭，那麼就會在不知不覺間被負面思考操控，最後放棄自己的人生。我希望各位可以察覺到，**想不出自己有什麼夢想或目標的人，其實思考方式已經陷入很緊急的狀態了。**

因此，為了進一步培育強大的正向思考，還請各位一同實踐以下所介紹的方法，把自己一個月後、三個月後、一年後、五年後、十年後的夢想、目標或願望寫下來。

【方法②】寫出夢想、目標與願望

內容不論是自身、工作、伴侶、父母、小孩、金錢、寵物還是興趣等都好。這時可以一邊在腦中想像，一邊將**「會令人感到滿足而笑出來」**的事當成標準來寫下自己的夢想或目標。沒有夢想或目標的人也沒必要勉強自己想出來。真的想不出來的時候，可以寫下朋友或家人的夢想及目標，或是參考以下範例來寫。

光是能發現「這麼說來我的願望好像也一樣」，就足以重新啟動感受事物的能力。

- 成為總是笑臉迎人的我
- 買最新型的洗衣機
- 每個月去1趟溫泉旅行
- 希望自己可以富有到不看價格，盡情購買想要的東西

寫出自己的夢想、目標與願望的方法

請盡量寫出那些
讓你忍不住微微一笑的夢想、目標及願望吧。

1 個月後

•

•

3 個月後

•

•

1 年後

•

•

5 年後

•

•

10 年後

•

•

・不再與伴侶吵架
・豪邁地購買大量漫畫
・成為不再訓斥小孩的自己
・成功減重並穿上喜歡的泳衣
・實現歐洲旅行的夢想
・得到很有意義的一份工作
・年收達到1000萬日圓
・建造一棟理想的房子

然後偶爾回顧這些寫下來的夢想、目標與願望，讓自己會心一笑。正向思考只要做到這樣就好，接著就可以置之不理了。若之後能進一步了解並掌握思考的機制，那麼未來就會有超越你想像的好事在等待著你。

【方法③】在鏡子前用笑容說出令人高興的話

這邊再介紹另一個可以培育正向思考的簡單方法，那就是「運用鏡子」。如果持續實踐這個方法一輩子，就可以引導自己前往幸福的方向。

一開始先挑選一些自己覺得被人這麼說會很高興的話，比如「我愛你」、「我最喜歡你」、「我很尊敬你」、「你真漂亮」、「你頭腦真好」、「你真溫柔」、「你真是誠實」等等，不管什麼話都可以，重點在於**必須要是被人這麼說會令你開心笑出來的話。**

接下來每次站到鏡子前，就請對著自己說出這些話吧。自己的房間、洗臉台、職場或車站的洗手間等等，我想隨處都可以看到鏡子。

要是周圍有其他人，那就在心中對著鏡子裡的自己默默這麼說。

當然，最重要的是**不要用嚴肅的表情，而是擺出笑咪咪的表情。**

在鏡子前聽到令人開心的話、看到自己的笑容，這些形象就會逐漸累積在你的潛意識中。

如此一來，**潛意識就會自顧自地將其理解為「你想要這樣的現實對吧？我懂了」。**

各位就當作我在騙你，**至少先持續做這個方法21天看看。之所以設定這個天數，是因為據說腦需要用21天的時間建立新的迴路。**

當我們感到沮喪或煩躁時，有時候會無法持續實行這個方法。

可是我希望各位不要被負面情緒過度影響，甚至被負面情緒支配。

為了擺脫這些負面情緒，就算每天只說一句也好，還請各位堅持實踐這個「運用鏡子的方法」，這樣你的潛意識肯定能累積越來越多的幸福思考。

不知道主詞是什麼的潛意識

——負面思考與幼年時期的腦部運作機制有關

壞的思考（負面思考）具有很強的力量，在潛意識當中相當有存在感。這與腦部的運作機制有很密切的關聯。

我們出生來到這個世界時，小寶寶的腦還未完全發育。這時的腦部直到上小學前都還沒發育完成，可說是非常原始。在這個時期，思考主要仰賴位於腦部深處的大腦邊緣系統，此處正是與潛意識有深刻連結的部位。以大腦邊緣系統為主的腦部會優先重視情緒，並不會分辨主詞是什麼。舉例來說，當小孩覺得「他真壞心」時，由於不知道主詞是誰，因此會將這個情緒認知為「我真壞心」。

在年幼孩童的世界裡，主要的登場人物就只有父親、母親以及兄弟姊妹，並在生活中被大家所愛。然而，因為發育未完全的腦不具備成人般的視角，所以即使是父母因為愛自己才做出的行為，只要對自己來說是「不愉快」的，就會以負面記憶（思考）的形式被儲存在潛意識中。比如明明自己想吃點心，但媽媽說快要吃晚飯了，所以不給自己吃。像這種時候，大家應該都能理解，這不是因為母親討厭自己的小孩，所以才不給對方吃點心。可是在腦部尚未完全發育時，小孩心中只會留下「不給我吃點心＝我被討厭了」的負面情緒。

由於這個階段的理性沒什麼在運作，因此幼兒會以「愉快」跟「不愉快」來看待事物，而這「愉快」跟「不愉快」的情緒會就這樣直接儲存到潛意識的深處。這就是為何會說，此時的經驗會成為往後人生的思考基礎。

也因為幼年時期的負面思考會持續儲存在潛意識深處，所以負面思考會變得理所當然，甚至沒辦法自行察覺這就是負面思考，於是負面思考便在潛意識中耀武揚威，發揮強烈的影響力。

第2章

干擾幸福的罪惡感真相

有自覺的罪惡感

——小心那些微小的罪惡感

罪惡感需要治癒

在妥善處理嫉妒或憤怒等壞的思考（負面思考）以及含糊思考的同時，我們還必須好好面對一種存在，那就是**「罪惡感」**。

每個人或多或少都擁有罪惡感。如果能夠靠自己的力量治癒這種罪惡感，那人生就能過得更加順遂。

跟負面思考相同，我們往往都會對罪惡感視而不見，假裝沒看到這種情感；可始終不去關注它，反而是更恐怖的事。

因為**即使我們不知道罪惡感的真面目是什麼，但罪惡感也會成為在無意識的狀態**

下持續創造糟糕狀況的「源頭」，給予自己痛苦，並造成自己的不幸。

更麻煩的是，這份罪惡感還分成**「有自覺的罪惡感」與「無自覺的罪惡感」。**

請各位看清這兩種罪惡感的真實情況，並坦然接受自己應有的幸福。這就是創造新的自己，讓自己朝向幸福前進的第一步。

微不足道的小壞事也會在潛意識中成長

「那時候我欺負了那個人。」

「我曾有過在工作上耍了一點小手段的經驗。」

「對朋友說了很過分的話。」

「小時候曾經擅自從父母的錢包裡拿錢。」

「以前曾對父母說謊偷偷跑出去玩。」

我想大家像這樣回顧自己的過去時，應該都能想起各種與罪惡感有關連的往事吧？

在這當中可能會有讓人覺得「真的做了一件壞事」的罪惡感，但應該也有讓自己覺得「好像不是一件多大的事」，不認為自己有很大過錯的罪惡感。

如果是後者，各位或許會認為這對自己的思考幾乎沒什麼影響，但實際上數十年歲月累積下來，很常發生**這份罪惡感在自己心中不知不覺間成長得越來越大**的情況。

舉例來說，許多人小時候都有因為一時歹念而從父母錢包裡偷錢的經驗。由於從數額來看頂多就是100日圓、200日圓左右，因此從長大成人的我們看起來會覺得不是多大的金額，甚至還會覺得這回憶有點淘氣、可愛。

但是小時候從父母錢包偷錢的回憶，會在潛意識裡累積「我偷了錢、我偷了錢、我偷了錢……」的感覺。

於是長大成人後這份罪惡感有時候就會報應在自己身上，比如「被朋友拜託借了對方10萬元，結果對方都沒還」、「遭到詐欺」、「錢包被扒走」等事情。小時候那些微不足道的罪惡感，會在漫長的時間中於潛意識裡成長茁壯、獲得巨大力量，最後造成這些結果。

如果各位有小時候偷了父母的錢或在某間雜貨店偷東西的記憶，**那就假裝自己回到了小時候，試著在內心裡誠懇地向對方道歉，說「那時候真的很對不起」。**

各位現在已經成為大人，我想應該不會再去偷別人的錢了，但最好還是在心裡發誓「我以後絕對不再偷錢」，試著治癒自己的罪惡感。

正因為有良心才能遵從良心的指示

另一方面，成為大人的現在應該也會有刁難了誰或說人家壞話的罪惡感吧，而這其中可能還有不太嚴重、對方沒察覺或對方沒感到傷心難過等程度不高的罪惡感。

所以顯意識或許就會據此將自己正當化，覺得「反正又不是多嚴重的事」或「那個時候實在沒辦法才這麼做」。

可是**我們具有「良心」。**

正因為有良心，所以再怎麼微不足道的事我們也都會對其抱持罪惡感並持續責備自己。實際上各位也都有過「我總有一天會遭到報應」或「這件壞事是當時的懲罰……」等念頭吧。

如果放任這份罪惡感，那它就會在潛意識中慢慢成長、壯大，最後為自己的現實世界帶來某種不幸。

解決方法很簡單，那就是不要去做會讓自己的心情覺得不舒服的事。

即使是那種沒辦法才不得不去做的壞事，我也認為還是不要做比較好，因為**盡可能遵從良心來行動，才能夠把心帶往好的方向。**

那件事會讓心變乾淨？還是變髒呢？

「小孩子很喜歡談跟心有關的話題，所以當小孩沒有禮貌或做出不好的事情時，先別急著罵他，而是像以下這樣先問他一個問題：『小○○，你做這件事心會變乾淨嗎？還是心會變髒呢？是哪一邊呢？』這是最有效果的處理方法。」

這是右腦教育的權威七田真老師（七田式教育創始者）很常說的話。

我們往往認為小孩子才不懂什麼跟心有關的話題，可是讓小孩子自己去判斷心是會變得乾淨還是變髒，小孩子就真的會停止做壞事。

由此我們可以知道即使是小孩，他們也能準確判斷心會變乾淨還是心會變髒，試圖活得更加舒暢、開心。如果是身為成人的我們，應該更能清楚了解到事物的本質，判斷那到底是不是心會變乾淨的事。

因此若心中累積會讓心變髒的罪惡感，那麼不論多久以後這份罪惡感都會如影隨形，持續折磨我們。

話雖如此，大人的世界總是複雜得多，我們沒必要成為一名聖人君子。

儘管腦中的顯意識裡有各種思緒，但最好還是**盡量選擇去做那些會讓自己的心感到高興、舒暢、安穩，感覺心能變得更乾淨的事情**。這麼一來，我想就能慢慢以乾淨清爽的心來度過之後的人生。

沒有自覺的罪惡感

——「想被愛」、「想被認同」的一種表現

你要為了給某人罪惡感而讓自己持續不幸嗎？

「雖然不知道為什麼，但就是無法走上幸福的道路。」

「明明差一步就能變幸福，但總是有人阻礙我。」

「不知道自己是不是真的有資格獲得幸福。」

我想應該有不少人在以往的人生中曾有過以上這些念頭。

比方說「拚了命地想結婚但就是遇不到好對象」、「明明工作比誰都認真但就是不受主管青睞」、「明明沒浪費什麼錢但就是沒辦法變得富有」等等，覺得自己怎麼樣也無法擺脫不幸。

像這種時候，首先要試著思考**「自己是不是因為一直處在不幸的狀態，所以想給予某人罪惡感」**。

其實這個「想給某人罪惡感」中的「某人」，非常有可能是自己的雙親。你或許認為**「自己一直保持不幸是對父母最大的復仇」**

長年對親子關係感到內心糾結的人，還請試著從過去的回憶來重新審視自己的思考。

孩提時期的思考與誤解所催生的復仇之心

原本我們都是在「最喜歡爸爸媽媽了！」的狀態下誕生的。即使是對父親與母親而言，付出無償的愛而養育的孩子若能幸福，那就是身為父母最大的喜悅。

可是小孩子的腦部僅憑藉「愉快」和「不愉快」來判斷事物，因此有時候會因為各種誤會而變成「最討厭爸爸媽媽了！」。這麼一來當小孩長大成人，那種「才不想讓爸爸媽媽感到高興呢！」的想法就會開始發揮作用。

我們的內心很常在數十年間始終關注「完全不陪我玩」或「幾乎沒有稱讚過我」等令人討厭的事，**但「無償的愛」這個部分卻從思緒中消失殆盡。**

為了令父母了解「我之所以不幸都是父母的錯！」、「都是因為爸爸總是忙著工作！」、「都是因為媽媽沒有給我足夠的愛！」等等，所以才讓自己一直保持不幸。

反過來說，這其實也表示自己的內心希望父母可以說出「對不起，都是媽媽的教育方法不對，所以你才會像這樣無法獲得幸福」、「對不起，都是爸爸沒有給你充分的愛，所以你的人生才會過得不順遂」。

然而想讓父母親道歉是非常錯誤的想法，你只是緊緊抓住自己不被父母所愛的這個「誤解」，偏執地認為「我就要保持不幸讓你們好看！」。我想這是相當痛苦的一件事。

現在還請你再一次探索自己的思考，若發現「自己至今為止好像『一直都在給父母親罪惡感』……」，那麼光是能自行察覺這一點你的世界就會迎來翻天覆地的變化。

拋下罪惡感的宣言

雖然我舉的是親子關係的例子，不過看到這裡相信各位也了解到當自己不管做什麼都不如意，不知道為何這麼痛苦時，**實際上持續折磨自己的就是自己沉睡在潛意識裡的思考。**

若懂得思考的機制，你應該就能感受到自己其實已經充分獲得來自父母的關愛了。

而要是可以感受到父母的愛，那就試著對自己說「多虧有爸爸跟媽媽我才能存在於這個世界上，我現在很幸福喔」或是「希望今後能夠創造出令人高呼幸福的人生」。

無論是「有自覺的罪惡感」還是「沒有自覺的罪惡感」，都會持續停留在潛意識的深處。

存在於潛意識深處並阻礙自己幸福的最大兇手，就是罪惡感。請對自己做出宣言，跟自己說「從今天開始我要拋下罪惡感」或是「我要丟掉罪惡感迎來幸福」。

【方法④】凝視會讓自己產生負面思考的人

罪惡感是種躲藏在自己的潛意識中，讓自己陷入不幸的思考。

在人際關係中之所以會做出令自己抱有罪惡感的言行，很有可能是因為對對方抱有負面印象，也可能是因為自己的嫉妒心所導致。

這邊我們就試著來實踐一個方法，讓自己能夠理解並認同「所謂有負面印象的人，也不過是自己的思考所建立起來的形象」。

1 寫出1位自己心中覺得有點在意的人

比如你對他會感到有點罪惡感的人、碰面時會覺得有點尷尬的熟人、因吵架而疏遠的朋友、已經分手的伴侶、平時溝通不太順利的同事、時常生氣的上司、一見面就覺得令人有些煩悶的對象等等。

2 寫出3個你覺得那個人「值得稱讚」的地方

即使是討厭的人也不會都只有缺點，肯定也有一些優點。請嘗試以客觀的角度找出那個人的優點或是值得稱讚的地方。

3 寫出3個你覺得那個人「有夠糟糕！」的地方

「生理上很討厭」、「因為很笨所以很討厭」之類的都不過只是單純的壞話，如果寫的只是壞話那再過多久現實都不會有所改變。請仔細回想並寫出之所以讓自己感覺嫌棄或厭惡的具體理由。

4　針對2所提到「值得稱讚」的地方，認同「我自己也有這樣的要素」

面對別人的優點時，你可能會發現自己其實也有像下列這樣的優點。

- 面對「有錢人」時自己的要素→「我能夠一點一滴堅持存錢」「身邊的人很常說我『你總是從容不迫呢』」
- 面對「美人」時自己的要素→「常有人說我頭髮非常滑順」「我對於皮膚白皙這件事特別有自信」
- 面對「能夠建造很大的房子」時自己的要素→「雖然是一個人住但住在充分寬廣的房子」「特別講究裝潢，房間擺設得像是家具量販店的樣品房」
- 面對「坦率」時自己的要素→「常有人說我笑容滿面」「有景仰自己的好友」

像這樣重新檢視自己，並認同自己也有相同的要素或素質。

5 針對3所提到「有夠糟糕！」的地方，認同「我自己也有這樣的要素」

面對別人的缺點時，你可能會發現自己其實也有像下列這樣的缺點。

・面對「房間散亂」時自己的要素↓「房間乍看之下整潔乾淨，但其實櫃子裡的東西亂成一團」「雖然勤奮打掃，但常常堆積要洗的衣物」

・面對「八面玲瓏」時自己的要素↓「有許多認識的人都只是不得已才與之來往的」「常常以為跟對方的交情變好了，但後來卻無法再聯繫上這些人」

・面對「沒有時間觀念」時自己的要素↓「過度重視工作，以至於有時候私底下跟人約好時間卻遲到」「常常懶散地看電視看到半夜」

藉由這個方法凝視會讓自己產生負面思考的人

1. 寫出1位自己心中覺得有點在意的人
-

2. 寫出3個你覺得那個人「值得稱讚」的地方
-
-
-

3. 寫出3個你覺得那個人「有夠糟糕！」的地方
-
-
-

4. 針對2所提到「值得稱讚」的地方，
認同「我自己也有這樣的要素」
-
-
-

5. 針對3所提到「有夠糟糕！」的地方，
認同「我自己也有這樣的要素」
-
-
-

・面對「常常生氣」時自己的要素→「遇見交情好的人就馬上吐苦水」「在電車上看到大聲喧嘩的人會非常煩躁」

與「值得稱讚」的優點相同，看到對方「有夠糟糕！」的缺點時也要檢視自己，並認同自己身上也有類似的要素或素質。

通過這一連串步驟，各位應該能漸漸了解到那些讓自己覺得有些在意的人不論是「值得稱讚」還是「有夠糟糕！」的地方，其實在自己身上也能發現與對方類似的要素。

這並不是意味著自己這樣不行，**而是藉由認同自己潛意識裡的正向思考與負面思考，理解並接受「這全部都是我自己」、「自己的思考會塑造身邊的人的形象」。**

你或許還會藉此發現自己其實是在輕視或瞧不起對方。

之所以會覺得自己被人看輕，正是因為自己也曾看輕別人。透過這個方法，**就可以逐漸將這種心中的不平衡給抹平。**

我想這還能讓自己進一步思考「這個人的出現是為了讓我更了解自己」、「多虧了這個人我才能了解自己的內心深處」。

希望各位都能實踐這個方法並打下內心的基礎，讓自己可以在日後更愛自己。

透過花精緩和情緒

緊張焦慮時，花精可以舒緩我們的情緒並放鬆我們的心靈。

其中最熱門的是巴赫花精療法中使用的「急救花精組合」，在這套花精中包含櫻桃李、鐵線蓮、鳳仙花、伯利恆之星、岩玫瑰等幾種花精。除此之外目前市面上的花精也有各式各樣的種類。

【各種使用方式】

- 用滴管吸取花精，然後在舌頭深處滴4滴，每天4次左右
- 在寶特瓶的礦泉水中滴入4滴花精並飲用
- 在浴缸的水中滴入4滴花精再泡澡

【要點】

為了有效吸收花精中花的能量，我建議最好花一整天的時間慢慢攝取。雖然基本上多半建議滴入4滴花精即可，不過想要攝取更多花精的話也沒問題。

【這種時候最推薦使用花精】

沒什麼狀況、心情平穩時當然也可以，不過像以下這些緊急時刻也很推薦使用花精來調整身心。

- 覺得很有壓力時
- 因工作而覺得緊張時
- 太過忙碌而感到焦慮時
- 受傷或生病時

・感到焦躁、不耐煩時
・心情低落時
・不安的感受很強烈時

第 3 章

治癒自己，了解自己

身體不適是思考的顯現

病由「情緒」所生，由不好的「思考」所生

在前面的章節我了解到思考的機制，而接下來我們將正式探索自己的思考。可是在這之前我們還有件事情要做，那就是「治癒自己」。

其實**思考與心靈**、**身體都有著非常緊密的關係**，因此為了能夠自行治癒自己的心靈與身體，學會適當的技巧是相當重要的一件事。

我們有時候會頭痛、拉肚子或感冒，甚至會受重傷或罹患嚴重的疾病。**當身體出現這種症況時，實際上是潛意識正在向你傳遞某些訊息。**

所以在哀怨自己為什麼會生這種大病並為此感到痛苦前，還請先試著思索**「為什**

麼我會生這種病、為什麼這種症狀會發生在自己身上」。

這其中肯定有某種思考成為了這種病況或症狀的源頭。只要開始探尋這種思考，**便漸漸可以靠自己來療護自己的心靈與身體。**

在東方醫學中，本來就認為各個器官與情緒有著以下的關聯。

- 肝臟……憤怒
- 肺臟……悲傷、寂寞
- 腎臟……恐懼
- 心臟……喜悅
- 腸……判斷力
- 消化器官……煩惱

舉例來說若肝臟出現一些問題，那或許就是因為在不知不覺間長期累積了許多怒氣；要是肺有一些疾病，那可能就要想想是不是因為心裡明明感到悲傷，但自己卻硬是壓抑了這種情感。

生病或受傷是因為想對人撒嬌？

除此之外，若耳朵、眼睛、腿腳與腰部等處有症狀時，還請像以下這樣來檢視自己的思考。

- 耳……「不想聽」「不想知道」的情感
- 眼……「不想看」的情感
- 手……「其實不想要」「想要丟掉」的情感

- 腳……「害怕前進」的情感
- 腰……「不想前進」「不想著手處理」的情感

一旦生病或受傷便需要他人的協助，這時就可能會感到困擾。

比如說感冒發燒時就沒辦法工作了。你的顯意識肯定會有「雖然想去公司但去不了」、「會造成同事的麻煩」等念頭。

可是潛意識裡可能會把「無法去公司」、「必須請別人幫忙」當成一種好處。這是一種**「想對人撒嬌、想倚賴別人」等心情的展現。**

想倚賴別人絕不是什麼不該做的事，但我們沒必要刻意創造出身體的不舒服並藉此倚賴別人。

身體感到不適的時候，最好細心留意自己的心中是不是隱藏著，想要對別人撒嬌的情感，希望家人或朋友可以多關心自己。

思考與身心之間的連結遠比我們想的還要緊密。希望大家可以帶著這樣的觀念度過每一天，並且靠自己來治癒自己的心靈與身體。

對於生病表達「抱歉」的心意

當我們了解並接納「自己的○○思考塑造了自己身體的△△狀態」這件事之後，症狀就會漸漸好轉。接下來**若能夠自己治癒自己並保持自己身心的平穩，那麼也就能為其他人帶來安寧與穩定。**

當然，緊急時還是需要仰賴醫生的診斷，不過基本上**最好還是靠自己呵護、照顧自己的身體與心靈。**

如果能隨時留意這點，我想就能夠避免患上嚴重疾病。

以前我曾經罹患乳癌，當時的情況是已經轉移到淋巴結了。可是被宣告罹癌時，我心中的感想只有「我想也是」，並沒有太震驚。這是因為我知道，乳癌等**女性特有的疾病，是我們對女性特性抱有自卑感的一種表徵。**

我開始學習「思考」的契機是因為我離了婚。我當時因為伴侶關係破裂而失去了自信。

在之後我學習「思考」的過程中，身邊一切事情的進展都起了很大的變化，我開始能夠創造出良好的現實。但即使如此，我心裡某個角落還是殘留著「我不擅長應付伴侶關係，當年為什麼沒辦法順利繼續下去呢」的念頭。

我打從心裡明白，正是由於我始終沒辦法捨棄這種負面思考，因此才會罹患乳癌。

所以我向著乳癌表達了我的想法，告訴自己的身體：「都是因為我一直猶豫不決，才會變成這樣的吧。對不起，我以後會認真改變思考的。希望我們能一起好轉。」直到此時，我才真正下定決心要改變自己的思考。

於是就在當天，那個本來不知為何一直都沒辦法聯絡上，而且彼此之間還留有心結的男性突然聯繫了我（明明我沒有將乳癌的事告訴他），然後我感覺長年以來心裡無法釋懷的事情就這樣煙消雲散。

後來我改變飲食並嘗試草藥及溫熱療法，結果才3個月的時間癌症便消失得無影無蹤。那時被宣告罹患癌症並好好與之面對的經驗，直到今天都還在幫助其他人。所以對我而言，我認為我到現在仍然從罹癌這件事上得到了許多的恩惠。

察覺壓抑情感的緊張與壓力

即使不到生病的程度，不過我們在日常生活中也很常碰到令人屏息的事情。感到緊張或壓力，或是專注在工作上的時候，常常回過神來才發現自己呼吸變淺或甚至止住了呼吸。

又或者有些人可能會發現自己會在不經意間咬緊牙齒，要不然就是睡覺時磨牙。睡覺時之所以會磨牙，是因為白天一直處在緊張的狀態下，而為了盡量緩解白天的緊張情緒才像那樣磨牙齒。講起來大家對於磨牙的印象應該都是類似「好不甘心喔～」的這種情緒吧？

我們成為大人之後，在每天的生活中都會吞下各式各樣的情緒。即使心裡有負面情緒，可要是表現出來就沒辦法好好與他人溝通或來往了，因此我們才會把這些情緒跟想法給吞進去。結果就是這些被壓抑的情緒，最後會以磨牙的方式表現出來。

呼吸變淺或停止、咬牙或磨牙……這些時候我們的身體會變得硬梆梆的，而心靈也同樣會僵化。若有這樣的狀況，**不妨就在生活中多留意一下自己「原來也有停住呼吸的時候」、「原來也有咬緊牙齒的時候」、「原來也有磨牙的時候」。**之所以這麼做是因為我們必須先從察覺到的事情著手處理。

如果發現自己停住呼吸了，那就集中精神把氣給吐出來；要是能深深吐出一口氣，那麼自然能夠開始正常地吸氣。

光是不再止住呼吸就能療癒心靈，許多事情也能穩定下來並順利進行。

回歸潛意識的原點

可以給予我們「安定」的水晶之力

說到安定，據說在所有石頭中，水晶是最能夠記憶並保持持有者波動的石頭。比方說**當持有者的身體感到不適時，水晶就能夠將身體原本健康時的波動回傳給持有者。**

若從自己周遭的現實100％是由我們自己的思考所創造的這個思維來看，水晶之所以具有這種力量也可以視為是從我們的思考所產生的。

那麼水晶究竟是從我們的哪種思考中獲得力量的呢？答案是**「自己原本安定的部分」**與**「自己最純粹的部分」**。

「安定」的意思可以從石英鐘的優點得知。石英也就是水晶，能夠發揮「穩定標記時間」的功用。水晶可以給予我們自己原本安定的能量，又或是讓我們回復到原始的狀態，並將相關的作用化為現實。

此外在我們的潛意識裡累積了巨量的思考，其中包含正向思考與負面思考，讓整個潛意識顯得雜亂無章、混沌不清。而在這裡面最能表現出自己純粹那一面的就是水晶。

那麼該怎麼做才能借用水晶的力量呢？首先要做的是前往首飾店或販售能量石等物品的商店，在裡面選購一顆自己很喜歡的水晶。不論便宜還是昂貴都沒關係，總之選擇自己覺得「很可愛」、「很漂亮」的水晶即可。

然後在心煩意亂或焦慮不安時，又或是每天就寢前把水晶放在左手手掌上輕輕握住。順帶一提左手通常被認為是接收能量的手，而右手則是釋出能量的手。

接著就用左手接受能量，同時稍微調整自己的心情，仔細感受對自己好的能量回到自己身體的這段時間。

可以讓我們找到了解自己之線索的探測術

「想知道該選Ｙｅｓ還是Ｎｏ」、「事情不順遂不知道該怎麼辦！」如果心裡有這些疑問，那麼還有個方法是用水晶施行探測術，從自己的潛意識裡問出答案。

探測術這種手法，最著名的功能就是用細針或擺錘來找出隱藏的東西。其實我們也可以利用這個方法來了解隱藏在我們心中的潛意識。

施行探測術時水晶的擺動方式因人而異，必須得勤加練習。一開始當作在玩遊戲就好，總之試著詢問各式各樣的問題。

舉例來說可以問「這個食物適合我嗎？」、「今年可以去國外旅行嗎？」、「花精要攝取幾滴比較好？1滴還是2滴呢？」等等。

接下來透過懸吊在繩子上的水晶如何擺動來探詢自己的思考，並從中摸索出專屬於自己的水晶擺動方式，比如在各種問題中若為是就呈現順時針擺動，若為否就呈現逆時針擺動等等。

不論任何結果都是自己潛意識的顯現。藉由探測術，有時候可以察覺隱藏在自己心中的恐懼，有時候也可以發現自己從以前開始就想要去做的某件事。

還請試著用水晶玩玩看，並利用這些線索來了解自己。

透過接觸大自然的赤腳踩地來治癒思考

我們會把原本就有的東西稱作「自然的」，而不是拿來指那些人工製造出來的東西。但是現在請各位將山河大海、花草樹木等自然景物也當作是從我們的潛意識中創造出來的。換句話說，**自然成為了我們潛意識的基礎。**

因此當你感到疲累、心情低落或煩悶不安時，最好的方法之一就是透過「赤腳踩地」來快速淨化潛意識的深層部分。所謂「赤腳踩地」是一種為了釋放出累積在身上的靜電，而用皮膚接觸樹木、花葉、海洋等自然物的行為。我想只要嘗試過以下這些赤腳踩地的情境，應該就能立刻感受到那種**身體忽然變得輕鬆愉快的感覺。**

- 赤腳走在沙灘上
- 海水浴

・腳踩進河川中
・直接用手觸摸公園的地面
・用整個身體環抱神社或森林裡的大樹
・在自家庭院翻土

直接接觸成為潛意識基礎的自然環境後除了有自覺的煩悶外，就連自己未能察覺的負面思考也會隨之治癒，希望大家可以嘗試看看。

不用以頂點為目標，而是享受思考的過程

登山是赤腳踩地的方法之一，而我們能夠從中學習一些不一樣的思維。

我們登山時大多數情況都會以「山頂」為目標努力。喘著粗氣、熬過艱難的山路

到達山頂時，大家肯定都會有種「太好了！我到了！萬歲！」的興奮感。

可是在進行思考的學習時，我也希望大家可以嘗試**「登山時刻意不去山頂」**的做法，也就是在抵達山頂前就折返回去的登山方式。

之所以這麼做，是因為以山頂為目標的登山方式有時候會讓人一股腦兒地前進，而忘記享受攀爬到頂點的這段過程；在前往山頂的路上可能開著美麗的花、周圍環繞優美的景色，但登山者為了快點到達山頂，最後卻忘了欣賞這些美景。

我認為人生也能如此形容。要是自己始終把注意力放在爬到某個頂點上，**那麼就很有可能無法享受「當下」。不以頂點為目標的生活方式也是很重要的一種人生道路。**

請別只想著山頂最棒、山頂風景最漂亮，其實在前往山頂的途中也存在很多美好的事物。就算沒有爬到山頂，還是能找到許多樂趣與成果。

透過這個體驗，我們可以親自將這個道理深植於我們自己的潛意識中。各位想不想試試不以山頂為目標的登山呢？

人可以藉由了解「愛」來治癒自己

【方法⑤】每天寫下自己的療癒體驗

到這裡我們已經介紹了各種與「療癒自我」有關的各種觀念。

但或許還是有人覺得「我還是搞不清楚治癒自己是怎麼一回事」、「療癒自我具體來說該怎麼做呢？」。那麼要不要試著將自己感到「好療癒喔」的情境給全部寫出來看看呢？會感到「好療癒喔」的情境，很多時候都只是日常生活裡微不足道的小事。

以我來說，像下面這些時候我就會感到「好療癒喔」。

- 有人對我展露笑容時
- 品嚐到美味的食物時

・進行森林浴時
・在海灘上悠哉躺著的時候
・在海邊衝浪時
・最喜歡的人擁抱我時
・冥想的時候
・悠閒地泡溫泉時
・把臉埋在貓咪毛絨絨、軟綿綿的肚子時
・讓別人按摩時

每個人覺得「好療癒喔」的時機都不盡相同。可是這些全都有一個共通點，那就是**覺得自己身心都得到舒緩時，就會產生「好療癒喔」的感覺。**

因此為了「療癒自我」，我們可以寫下自己覺得療癒的事情，然後每天只做其中一種也好，盡量積極在生活裡實踐看看。希望各位能給予自己一段感覺療癒的時間，專注於舒緩自己的身心靈。要是每天都在不知不覺中感到緊張，不論心靈還是身體都繃緊了神經，那麼就會越來越難察覺到位於潛意識深層部分裡的真正心聲。

在生活中加入「療癒自我」的時間，還請大家都養成這個習慣吧。

究極的療癒是愛負面的自己

雖然有很多種療癒自己的方法，但在其中最能稱為「究極療癒」的，**就是「認同」、「接受」並「愛」自己那些負面的地方。**

完全認同自己負面的部分是一件相當困難的事。

我想不論任何人在想要面對、接受自己糟糕的一面時都會感到痛苦、難過，更別說是去愛它了，大家應該都有這樣的想法。

有一個詞叫作完美主義，而完美主義者的心中總是充滿「無法原諒不好的自己」、「不想輸給那個人」之類的念頭。這是因為在這些人的潛意識中認為要是自己不夠好，就會「被看輕」、「被鄙視」、「無法獲得認同」、「無法得到他人的愛」。

然而若眼前真的出現什麼事都能做到完美的人你會怎麼想呢？想跟對方做朋友嗎？如果跟完美主義者成為朋友，我想我們自己肯定會累到不行。

也就是說，我們**沒有必要把完美當成目標。我們不是為了活得完美而誕生的，而是為了得到幸福而誕生的。**

以負面的自我來接納愛

如果覺得自己「好像有點完美主義」，那就對著自己述說以下這2句話。

——自己不夠好也沒關係。

——輸了也沒關係。

完美主義者可能在聽到這2句話後，會嚇得全身起雞皮疙瘩。

完美主義者至今都只拚命關注「給予他人的愛」這件事，卻可能對「他人給予的愛」感到陌生。他們可能從來沒想過可以得到別人的幫助。

正因如此，**還請從今天開始接受自己不成熟的一面。**這是重新審視自己潛意識中「必須要保持完美」這個念頭的契機。

有些人會以為請別人幫忙或拜託別人是一種「失敗」。你之所以在過度追求完美的過程中如此痛苦，或許就來自這種「不想輸」的想法。

如果你能夠鼓起勇氣接受自己不完美的事實，那麼你身為一個人的器量就會變得越來越大。

也就是說，**當了解這兩句話真正的意義時，就能夠接受周圍的人給予你的「愛」。**

對於超完美主義的人而言，念誦這2句話是自我療癒很重要的一個過程。

「想被愛」的心情所催生的假性正向

即使不是完美主義，我們**從小時候開始心中「想被愛」的強烈意念會成為我們能量的核心。**為此我們可能會認為自己「必須成為很好的人」而過度扮演正面的自己，表現出所謂的假性正向。

另一方面有時候也會出現相反的情況。由於不得不保持自己好的一面，因此當發生問題時就可能陷入極為負面的思考甚至嚴厲責備自己。

這些思考會從小時候就養成習慣。這種慣性思考會阻礙真正重要的思考，比如「實際上到底想成為什麼樣的自己」或「究竟想創造出什麼樣的現實」。

為了避免自己表現出假性正向的傾向、為了防止自己過度責備自己，**就必須帶著平穩的心情認同、接受並愛上自己。**

而能夠迴避假性正向與自我責備的方法則是接下來要介紹的「了解自己」。

藉由這個方法可以客觀且坦然地重新檢視自己，並激發出「原來這樣的思考可以塑造現實」、「創造出對我來說感覺更舒適的思考」等想法。

【方法⑥】寫下自己的優點與缺點

透過治癒自己、探索自己思考深處的做法，便可以漸漸了解自己。

為了能接受任何一種面貌的自己，很重要的一點是「不對自己做出判決」。也就是**不把自己送上法庭、不審判自己。**

這麼一來自己的思考就會變得更輕鬆，也能開始逐步接受周圍的人事物。

因此我在這邊介紹一個可以實踐的方法以免自己對自己做出審判。請準備好紙與筆寫出以下的內容。

1 寫出自己的10個優點

2 寫出自己的10個缺點

3 思考1的每個優點能用什麼方式「說得難聽一點」並全部寫下來

（例）溫柔↓優柔寡斷

活潑↓吵鬧

有很多朋友↓與每個朋友都沒有很深的交情

4　思考2的每個缺點能用什麼方式「說得好聽一點」並全部寫下來

（例）對別人疑神疑鬼↓不容易被他人欺騙

常常對別人開玩笑↓很隨和、能炒熱氣氛

有許多覺得不安的事情↓擅長迴避風險

雖然在61頁時也實行過類似的方法，不過這次的目的在於發現每個人都有優點與缺點，同時了解到優點既可能是缺點，缺點也可能是優點。

透過這個方法，就能開始認同、接受並愛上自己。

我們在遭遇事情時往往會想要立刻對自己以及身邊的人做出裁決與審判，然後又因為審判感到痛苦不已。

藉由寫出優點與缺點，以及優點與缺點各自的相反面，可以讓我們更容易檢視心中創造出正向思考與負面思考的潛意識。

寫下自己優點與缺點的方法

1. 寫出自己的10個優點

•

•

•

2. 寫出自己的10個缺點

•

•

•

3. 思考1的每個優點能用什麼方式「說得難聽一點」並全部寫下來

•

•

•

4. 思考2的每個缺點能用什麼方式「說得好聽一點」並全部寫下來

•

•

•

這是想要順利運用思考現實化這個概念時很重要的關鍵。

為了停止自我打分數，就不能太過在意周遭的評價

應該有很多人因為情緒起伏不定、精神變化劇烈而感到疲累不堪吧。為什麼人的精神會像這樣一下子變好一下子變壞呢？

這是因為**過於在意他人的評價**。

被人稱讚時開心愉悅，然後被批判時就變得極為失落——對於身邊的人怎麼看待自己、怎麼應對自己時而歡喜時而憂慮。其中特別在意的往往是別人的「批判」。

那麼我們又為什麼會在意別人的評價與視線呢？其實這也相同，我想只要從「現實由自己的思考所創造」這個角度出發應該就能立刻找到答案。

沒錯，**因為你從以前到現在都在為自己身邊的人做出判定。**話雖如此，漫長人生中每個人都肯定有過想批判誰或否定誰的經驗。這是沒辦法的事。正因如此，若自己被其他人批判或否定時，希望你能夠像以下這樣改變自己的想法。

「就連我也曾經否定過其他人的思考方式。畢竟這世界上有各式各樣的價值觀，我沒必要追求身邊所有人都100％認同、接受與愛我。」

我們不需要得到所有人的讚賞。各位不覺得如果真的發生了反而很令人作嘔嗎？贊成自己意見的人、對自己有好感的人、對自己提出意見的人、對自己沒有什麼好感的人——像這樣存在對自己有各種意見與想像的人才是理所當然的事。

還請各位下定決心，**不要對別人怎麼看待自己、怎麼應對自己過於焦慮敏感，而是放手去做自己想做的事，品味人生的樂趣，並從長遠的眼光來審視自己，不再對他**

人評價感到時喜時憂。

【方法⑦】為了接受自我的誘導冥想

為了不隨意判斷自己與周遭的人並讓大家更能接受自我，各位不妨試試以下這個方法。先讀過一遍，然後等心情平緩後再開始冥想。

輕輕閉上眼睛。

放鬆身體，稍微挺直背部。做3次深呼吸。

心情會漸漸變得非常悠閒平穩，整個身體也會暖和起來。

這時盡可能隨機想像你身邊的人，人數越多越好。

那些人露出什麼樣的表情呢？

是在笑嗎？有多少人這樣笑呢？

是在生氣嗎？有多少人這樣生氣呢？

是在難過嗎？有多少人這樣難過呢？

看起來很幸福嗎？有多少人看起來幸福呢？

看起來很不安嗎？有多少人看起來不安呢？

你心中浮現的人臉上的表情，就代表你自己潛意識的狀態。

接下來對著那些等於是自己分身的人們微笑吧。不論那些人原本是什麼表情，大家一定都會笑臉以對。請暫時像這樣細細品味這種感覺。

自己的世界由自己所創造。請在這種安心感中活下去。

最後讓意識回到周圍的聲音、物體以及自己的身體。意識回復後慢慢張開眼睛，結束這一次的冥想。

年幼時期的思考

會顯現在身邊的動物上

作為「了解自己」的線索之一，有時候偶然碰見的動物也可能顯露了「自己」現在的狀況。

我以前曾經獨自去千葉縣香取市的香取神宮參拜過。當時我遇見了一隻小貓。那隻小貓癱倒在地，情況非常不好；眼睛因眼屎而睜不開，鼻子流出像膿一樣的東西，而身體上光是能看見的部位都爬滿了跳蚤……就這麼置之不理肯定會死掉——我深信要是我這麼做一定會後悔一輩子。儘管小貓髒兮兮的，但我還是下定決心把牠帶回去。

回去後我立刻帶牠前往動物醫院，然後把牠的身體洗乾淨並餵牠吃藥，於是他漸漸恢復活力，身體也變得越來越大，現在已經是一隻毛絨絨的漂亮貓咪了。我很慶幸我當初把牠撿了回來。我將牠取名為「莉娜」。

那麼莉娜體現了我的什麼思考呢？

我從小時候就常常撿動物回家並養在家裡，可是撿回來的動物往往會死掉或是因為生病而虛弱地度過一生。因此「撿回來的寵物都會因為短命而死」的這種負面思考，長年以來都積蓄在我的心中，而且我想裡面也多少包含了「都是我的錯」這種想法。

不僅如此，我自己也很常產生「死一死比較快活」、「活得久有什麼樂趣嗎？」等念頭。我的心就像是個陰沉乖僻的小孩子。

可以說在香取神宮遇見當時瀕臨死亡的莉娜，表現的是我從小時候就有的思考傾向。可是莉娜與小時候撿回來的寵物們不一樣，到了今天依然元氣十足地活著。

而這證明了我的潛意識裡正在增加「活著是件很棒的事」等正向思考。

我在孩提時期的思考漸漸得到恢復，同時我的狀態也進一步好轉。這些都是莉娜教我的事。每當我這麼一想，看到在家裡跑來跑去的莉娜就會湧起一股喜悅之情。

第 4 章

察覺思維的多樣性，
重新建構世界

想實現的願望會透過與他人的連結成為現實

思考化作現實的速度因人而異

應該有很多人在以上學習思考機制的過程中，逐漸感到安心吧。

不過，另一方面或許也有人覺得「還是沒有任何改變」，而感到焦慮。

但其實變化的速度是因人而異的。人生還很長，沒有必要急躁慌張。

讓我們先回顧接下來列舉的觀念，一步一步增加心中的安心感吧。

- 接受好的自己、壞的自己與模稜兩可的自己並療癒自我
- 認同自己的罪惡感並接受自己不好的一面

・不要有「這種自己很糟糕，不可原諒」的想法，也不要嚴格審判自己
・不去批判或否定周遭的人

我們至今為止都隨便處置負面思考，因此會處於累積很多負面思考的狀態。但負面本來就不是一件絕對不好的事。

只要接受負面的自己並繼續增加安心感就好了，這麼一來便可以慢慢感受到或察覺自己真正想要的東西。

從本章開始將要正式進入讓思考化作現實的階段。

我將這個階段稱為**「自我世界的重新建構」**。

與他人心心相連的「Open Heart」思維

接下來的主題是**「允許自己獲得幸福」**這件事。

不過如同第2章所述，如果一直處在無法擺脫罪惡感的狀態中，那就很難允許自己獲得幸福。這是因為若心中有罪惡感，就會很在意周遭人們的眼光，時常想著「那個人如果對我有這種看法該怎麼辦」、「被討厭的話該怎麼辦」，結果害自己受困於內心的煎熬當中。

有時候甚至會為了讓某人愛自己，而讓自己保持不幸，藉此在對方心中留下罪惡感。一旦單方面決定「讓自己陷入不幸的那個人很糟糕」、「讓自己孤單寂寞的那個人是任性妄為的人」，那麼就等於親手封閉了自己的心。

從今以後，還請認同、治癒並拋下心中的罪惡感吧。

我們創造出了世界上各式各樣、形形色色的人；為了告訴我們自己現在的狀態，周圍的人顯現了這些特質給我們看。

因此請不要將周圍的人視作敵人，請將他們當作自己的夥伴。最重要的在於，**我們要創造出能與其他人心心相連的「Open Heart」狀態。**

夢想或目標也會在與他人的聯繫與互動中化為現實。

自己的變化難以察覺，他人的變化則很容易察覺

為了實現夢想或目標等想要的事物，很重要的一點是**「坦率地接納身邊人們的意見」**。事實上人類很難憑自己察覺自身的變化；我們總是在這種狀況下持續將自己的思考化作現實，但能夠發現這一點的人可說少之又少。

另一方面，各位不覺得我們很容易察覺其他人的變化嗎？

比如「那個人明明只要改掉這點就是很棒的人了」、「那個人對誰都很和氣，不會

讓人覺得不舒服」等等，各位應該都曾對他人做出各種評價吧？其實我們對別人的性格或特質都有很清楚的認識。

反過來說，自己的優點、缺點、應該改善的地方、以及自己產生變化的地方等等，周遭的人也會發現我們這些特質。因此我認為**老實地接納並參考身邊的人對自己所提出的建言**是很重要的事。像這樣逐步了解自身的變化，就能進一步發揮自己的優點與長才，改善缺點及做不好的地方。

細心地觀察周遭人們的變化

既然我們擅長察覺身邊人們的變化，那麼細心觀察他們的各種變化也是很重要的。明明至今為止身邊多半都是「常常抱怨的人」、「總是發牢騷的人」、「否定自己的人」，但如果發現最近「稱讚別人的人」、「為人生積極打拚的人」好像變多了，那就代表自己的潛意識正在發生變化。

舉例來說，假設你現在想要獨立創業完成想做的工作。若此時身邊開始出現本業與副業都能兼顧的人，或是能透過自僱賺到很多錢的人等等，那就代表你正在接近獨立創業的夢想。想結婚時身邊出現正要結婚或可以介紹對象給自己的人，那就代表你正往結婚的路上邁進。

要是令人高興的變化大量出現在自己身邊，那就表示自己的潛意識正在累積正向的思考，而這些變化就是徵兆。而如果**感覺令人厭惡的變化越來越多，那就意味著自己心中有必須減少、必須重新檢視的思考。**無論如何，還請不要錯過周遭的人發出的信號。

請仔細觀察身邊人們的變化，並養成能夠逐漸察覺自己變化的能力。

改變思維的意識

新的趨勢必須由自己創造

若仔細觀察周遭的人釋出的訊息，就能開始感覺到出現在身邊的人「性質」也產生了變化。

比如開始有人邀請自己去從未經歷過的宴會、開始與嶄新業界的人士往來、有人帶自己去從來沒去過的地點等等。

又或是跟至今為止從來沒有交流、與自己完全不同類型的人成為朋友，不然就是認識了在自己以往生活的世界中根本不可能相遇的人——

請將這些全都視作**自己的「思維」正在改變**的徵兆，這同時也是**新的趨勢正要開**

展的證據。能夠像這樣創造新趨勢的，當然也是你自己。

所以不要害怕或感到懷疑，請毫不保留地跳入這個全新的世界，帶著坦率的心聆聽身邊人們的意見並試著接受吧。

我們可以從此前未曾體驗過的趨勢中感受到自己值得讚賞的全新變化，並在最後遇見對自己來說宛如天命般的人事物。

被稱讚後就老實地說「謝謝」

在累積了大量正向思考之後，身邊的人也會越發主動積極地稱讚你，因為幾乎所有的人在此之後不論表情、舉動還是行為都會變得越來越好，更容易得到讚賞。

但是難得聽到別人的讚許，不過我們卻常常謙遜地說「沒這回事啦～」、「不不不，你過獎了」等等。這時候請這麼思考。

會稱讚自己的人，其實也是由自己的思考所創造的。

「我覺得你誠實坦率的地方很棒」、「我很尊敬你正直認真的優點」通過稱讚自己的聲音，你聽到的其實是潛意識中肯定自我的意見。

當發現「心中正在累積想要承認自己美好優點的思考」，那就老實地接受並說聲「謝謝」即可。

只要把「不不不，沒這回事」換成「謝謝」就好。這舉動非常簡單，作為一個讓思考化為現實的習慣甚至會讓人覺得有些不起眼，但這對潛意識而言是很令人開心的行為。

透過這種行為的累積可以逐步增加肯定自己的思考，還請試著成為能認同自身優點的自己吧。此外這個方法若能堅持下去，那麼往後也不會再對身邊的人虛張聲勢或說一些刁難、壞心眼的話。

正因為沒有自信才要大大方方

有些人可能會說「我對自己沒有自信，所以無法老實地接受他人的讚美並肯定自己」。

這一點也沒錯，若人對自己沒有自信就無法肯定自己，因此才會有許多人為了讓周遭的人肯定自己、認同自己或讚揚自己而虛張聲勢，對他人擺出奇怪的態度。

有時候也可能會因為心中產生疑問「就算我使點壞這個人也會接受我嗎」，所以透過刁難別人的方式來試探對方。

我想應該沒有人會想要成為這樣的人。

因此**被別人稱讚時，正因為沒有自信才要接受對方的好意並致謝，就當作遇見了變得更好、更棒的自己。**

而如果發現自己有哪裡很惹人厭、很糟糕，那首先就對發現這件事的自己說聲

「謝謝」，然後停止這類的行為即可。

這麼一來心情就不再會對周圍的任何一點小反應有所起伏、焦慮不安。

【方法⑧】睡覺前寫下3個自己很好的地方

我想有的人每天睡覺前都會像寫日記那樣，寫下當天發生的好事、覺得很棒的事、值得感謝的事等等。在這個過程中，我們每天可以試著再多寫出三個自己很值得稱讚的地方或自己的優點。帶著正向、積極的思考入睡，是想要改變潛意識很重要的方法之一。

我自己除了在睡前以外，比如自己待在咖啡廳等人，**稍事休息的時候，也會搜尋當天自己做得很棒的事。**

經過這樣的積累，就不再會過度增加「希望別人稱讚自己」的情緒，並能自然而然地發現自己美好的變化。

從此之後就能創造出情緒平穩、安定自在的每一天。

發現自己的優點，認同自己做得很棒的地方，這是珍惜自己很重要的一項作業。

還請將這點銘記於心，並培養成每天的習慣。

把對未來的不安轉換成希望

為何人會被不安所驅策？

察覺自己或他人的變化，認同自身的優點，然後允許自己獲得幸福——話雖如此，我想仍有不少的人心中依然懷揣著毫無來由的不安感。

我們之所以會感到不安，最主要的原因是不知道自己將來會發生什麼樣的事；我們會對各式各樣的情況感到「如果變成○○就安心了，如果做不到就很不安」。

舉身邊常見的例子來說，有些人會對生病或意外事故的風險感到過度焦慮。大概正是因為這個緣故，世上才有那麼多保險公司與保險商品。癌症、長期住院、失智、事故、死亡、無法就業等等，保險所能支援的範疇可說是各種各樣。

即便如此，想要在生活中迴避所有可能發生的風險，並不是一件簡單的事。

此外，相信也有人認為，當一個公務員或大企業員工就能一輩子安心。的確，若每個月的薪水都能取得相當程度的金額，就一般而言，或許可以「安心」了。

可是在現在這個社會，沒有人知道我們是不是真的可以在同一間公司一直工作下去。沒人可以斬釘截鐵地說，明天絕對不會突然發生必須辭掉工作的意外狀況。

無論金錢、地位、健康還是生命，都無法保證一定能永遠得到保護、一定能讓你感到安心。所以我們才會對無法保證絕對安心這件事感到焦慮。一想到這裡，就會對任何事情都抱有一種無止盡的不安情緒。

不安與安心都能「自由」且「免費」地擁在心中

但是我們不需要對「不安」感到恐懼。只要像以下這樣改變思維，就可以把無止盡湧上心頭的「不安」轉換成「安心」。

我們都**「自由」且「免費」地擁有不安**，簡直就像打發時間般總是想像令人不安的情境。當然，擁有一定程度健全的不安，想要迴避危險是沒問題的，但要是不管做什麼都被不安佔據內心，總想要先一步迴避危險的話，就會限制自己去做想做的事或想要挑戰的事。

在這裡我希望大家可以回想起，我們的思考其實是「自由」的。

不管什麼樣的人都無法清楚知道將來會變成怎樣。面對無法預見的未來，要保持「不安」還是「安心」、內心要怎麼想都能由我們「自由」地去選擇。

我們長時間以來都在容許自己感到不安，這可以說是一種思考的習慣。這數量龐大的不安會不斷累積在潛意識當中。

為了不再抱持這種不安的思考、為了創造能感到安心的現實，還請各位**每次發生什麼事都在內心裡或甚至說出口，告訴自己「好安心喔」**。

與感到不安時相同，我們也能「自由」且「免費」地感到安心。只要透過這種方式一點一滴地汰換掉自己的思考，就能推動充滿希望的人生。

願意像這樣積沙成塔、誠懇實踐這個方法的人，便可以真的改變現實。希望各位都能實踐看看。

在一帆風順時出現並干擾思考現實化的人

相信大家看到這邊並了解將思考化作現實的機制後，開始有不少人會覺得自己好像也能實現目標與夢想了吧。然而在這種時候，總是會出現一些人妨礙自己實現夢想。這就是所謂的**「夢想殺手」**。

「我打算離開公司獨立創業去做這種工作。」

「獨立創業很不簡單耶，你還是放棄吧。」

「我想要跟那個人結婚。」

「我總覺得那個人過於自由奔放了，將來的生活會很不穩定吧？」

「我要去美國學習外語！」

「你明明連英語都不太會說還想突然去美國生活，這門檻也太高了！」

像這樣每每要挑戰什麼事情或正想朝著目標努力前進時，不知為何就會出現否定你的夢想殺手。面對這些夢想殺手，常會聽到有人勸告說「沒必要聽他們的意見」、「不用害怕，儘管朝自己的道路前進就好」。

可是懂得思考現實化機制的我們，還可以從稍微不同的視角來看待夢想殺手。

夢想殺手是重要的傳訊者

如我們前面多次提到的，自己身邊的人100%都是由自己的思考中所產生。從這我們就能知道，**那些否定自己的目標、夢想或意見的人，又或是出於擔心才勸自己打消**

念頭的人，其實也是隱藏在自己心中的思考。

我們在想要挑戰某件大事的同時，心裡也具有「失敗了該怎麼辦」、「做不好被批評時該怎麼辦」等不安與顧慮的情緒。

而這種思考就會化為夢想殺手顯現在自己眼前。也就是說，**夢想殺手並非「破壞夢想的人」，而是「展示你自己內心思考的人」。**

當夢想殺手出現時請試著向自己的潛意識道謝，比如「你其實是在向我提示我所擔心、害怕的事情吧。真是謝謝你」。然後重新整頓自己的內心，了解自己為什麼在面對夢想或目標時會擔心、會感到不安與恐懼。

說不定你其實還處在準備不足的階段。

既然如此，那就在備齊必要的事物後再慎重推動事情的進展。

你也可能是內心還不夠堅定。若真是這樣，那就先接納自己害怕的情緒，待完全冷靜下來後再下定決心務必要踏實地邁向目標。

夢想殺手對自己來說是很重要的傳訊者。請不要對否定自己或批判自己的人表現出敵意，最好仔細思考他們所代表的意義。

過去再怎麼有過爭執，父母親都不會是毀壞夢想的存在

關於夢想殺手，我還有一個想告訴各位的觀念。

一提到否定自己或反對自己的人，我想許多人都會感覺自己的「父母」就是夢想殺手吧？若是自己的父母那情緒往往就會更加激動，甚至某些人會覺得父母就是自己的「敵人」。

如同第58頁所說的，我們小時候的腦還處在未發育的狀態，通常只會以「愉快」和「不愉快」來看待所有事物。即使父母是帶著對自己的愛而斥責自己的，小時候的

自己也只會把這件事當成「不愉快」的記憶（思考）並累積在潛意識當中。

若以這種狀態長大成人，那很有可能會對社會上那些非常辛苦的人，或遭受不平待遇的人抱有強烈的認同感。「世上還真有這種殘忍的父母啊」、「有些父母就是會破壞小孩的夢想」、「請努力活下去，不要輸給那種父母」——我們會像這種帶入自己的感情。

然而，這單純只是投射了自己的境遇。要是小時候內心有了對父母的芥蒂，那麼潛意識裡就會長期隱藏「我一直都很孤單」、「我很可憐」等心情，因此會對周圍感覺很可憐的人投入超出限度的情緒，最後創造出整天在新聞上觀看悲慘事件的自己。

了解思考的機制後，我們就能知道，當可憐的人出現在自己周圍時，**「其實是在展示過去的自己心中所擁有的情感」**。

在夏威夷的「荷歐波諾波諾」療法中，也會提到所有的事物與情緒都是過去的記憶所造成的。

有些人或許直到成為大人的今天，內心都還擁有與父母之間的芥蒂。像這種時候我希望各位**能夠慢慢花時間去接受「父母不是毀壞夢想的存在」這件事。**

面對雙親以外否定自己的人，也請不要單純將對方解釋為「很過分的人」，而是藉此察覺到隱藏在自己潛意識裡的恐懼、覺得辦不到的想法、其實不想去做的念頭等等。

若能從潛意識層面完全接納夢想殺手的存在，那麼世界就不再是你的敵人。你日後肯定能生活在一個讓你覺得非常安心的世界裡。

【方法⑨】允許自己得到幸福的誘導冥想

累積在潛意識裡的思考會使我們批評或否定自己以及周圍的人。

藉由接受這樣的自己，我們就能允許自己獲得幸福。

這邊我要介紹一種可以允許自己得到幸福的誘導冥想。

請先將內容全部看過一遍後再開始冥想。

輕輕閉上眼睛。

放鬆全身，稍微挺直背部。接著做3次深呼吸。

這時應該會慢慢覺得心情舒暢許多，身體還有種溫暖的感覺。

現在你的眼前有一座巨大的森林，並從你的腳邊延伸出一條道路前往那座森林。

從這條小路慢慢地走向森林吧。

道路兩旁綻放著色彩繽紛的花朵。還可以聽到鳥兒的鳴叫聲。

微風吹拂令人感到清爽，進入森林後從樹葉間隙灑下的陽光落在地上，令人感覺心情愉悅。

在森林中繼續前進可以看見一座小廣場。

廣場上有個人站在那。請走到那個人的身邊吧。

微笑以待、溫柔平靜的那個人是從很久以前就一直守護著你的人。

悄悄地看那個人的臉吧。

那個人輕柔地對著你說。

「你現在就可以變得幸福喔。」

聽到這句話，你能夠坦率地接受它嗎？

如果覺得還沒辦法接受，那就試著向一直守護著你的那個人坦白自己為什麼不能接受。

於是一直守護著你的那個人會這麼說。

「即使如此現在也要立刻變得幸福。」

「現在變得幸福是最好的。」

我們總是苦於批評他人或批評自己，無法允許自己獲得幸福。

儘管如此也有某個人總是存在於你的心中，他會包容、深愛、原諒做出批評或判決的你自己。

別再為審判他人感到痛苦了。

你身邊完美的人以及追求完美這件事，都會讓你與幸福漸行漸遠。

請帶著溫柔的心，現在就立刻允許自己獲得幸福。

「你現在就可以變得幸福喔。」

坦率、誠懇地向自己說出這句話吧。

那麼差不多該是回去的時候了。

最後請凝視你眼前那個人的眼睛，然後向對方說「謝謝」。

接著從來時的路回去吧。

穿過森林，回到可以看見葉隙流光的地方，這時你可以看到最初出發的位置。

讓意識回到你現在房間裡的聲音及物體上。

慢慢張開眼睛，這樣就結束冥想了。

相信他人可以讓人生好轉

重新檢視自己對「自由」與「責任」的印象

就算汲汲營營想要得到幸福或自己中意的事物，但往往沒辦法順利走向自己期待的方向，或身邊的狀況始終不允許；有時候別說為自己打氣的人了，就連想要妨礙自己的人都不會出現。在這種時候**若能重新檢視自己對「自由」與「責任」的印象，事情就可能順利取得進展。**

很多人都會說「我想變得更自由」、「我喜歡自由」，光是聽到「自由」這個詞就覺得心情愉快。

那麼各位對「自由」這個詞有什麼印象呢？

你的印象會不會類似「可以肆意妄為」呢？

要是抱持這種印象，事情就沒辦法順利取得進展，這是因為肆意妄為單純就只是為別人造成麻煩而已。

那我們該抱持什麼印象才對？事實上應該要是**「自由」＝「自己做決定」**。

不過既然要「自己做決定」，那麼接下來就必須承擔「責任」。

然而我們人類是種很討厭把責任背到自己身上的動物。「因為是你決定的，所以你要負責」我們面對責任往往就像這種感覺，因此我們時常會將「承擔責任」看作是「受到責備」。

但我們還能夠做到「重新檢視思考」這件事。讓我們在這裡重新建構「責任」這個詞的印象吧。

「承擔責任」實際上就代表「得到別人的信賴」。

由於背負責任的人會認真地處理事情，因此具備實力，這麼一來就能進而取得他人的信賴並獲得相應的地位。有了地位後富足的資源就會找上門來，繼續下去也能慢慢培養出領導者的風範。所謂真正的領導能力，指的就是**「自己做決定、獲得信賴」**。

「自由」是指「自己做決定」。

「責任」是指「獲得信賴」。

重新檢視「自由」與「責任」的印象後，肯定也能拓展你的心胸吧。

怎麼做人生都沒有好轉是因為看輕別人

或許有人會覺得自己明明吸收了前面所提到的所有觀念，留意各種小細節並努力做出改變，但人生卻沒有好轉的跡象，依然感到痛苦。

遇到這種情況時我希望大家可以再重新思考一件事：**自己是不是在不知不覺間小看了身邊的人呢？**

我們很常在心中看輕周遭的人們。

藉由「我比那個人好一點」這種想法，可以勉強維持住自己的存在價值，不會因為自我否定而崩潰。

但是讀到這裡，相信各位已經清楚了解思考化作現實的機制了，那麼你應該就懂得這個道理；如果看輕別人已經成為習慣，那結果就是被人看輕將會成為這個世界對待你的方式。因此，你的人生才沒有轉換到更好的方向。

不論是現在這個瞬間還是某天偶然察覺到都沒關係，請試著**檢查自己「是不是看輕了別人」**。光是這麼做，我想你的人生就能大幅度好轉。

在人生中創造絕望的「死心的思維」

有些人可能會有以下這些想法，比如「根本不知道自己想做什麼」、「沒有熱衷的事物」，或「不曉得自己的使命或天命是什麼」。

為什麼沒能遇見激發自己熱情的東西呢？那是因為你心中擁有遠比自己想像還強烈的**「死心的思維」**。

擁有這種思維的人，會因為過往的多次經驗，對自己抱有超乎想像的絕望情緒，覺得「反正不管怎麼做都沒用」、「我沒什麼了不起的」。

不過任誰都不希望自己有這樣的自覺吧，因此會自主陷入**讓自己的思考變得更加遲鈍、模糊的狀態**，結果就會造成**自己的心中完全無法湧現對事物的熱情與幹勁**。

對這樣的人來說，老實承認自己心中確實存在很陰沉、很怯懦的自己，是一件很重要的事。若無法做到這點，就會在不自覺的狀態下，隨口吐露一些讓身邊的人不得不說「沒這回事呀」的喪氣話。

比如發牢騷說「我不管做什麼都不順利」，這樣對方就只能回應「沒這回事，你一定能做到」。

但就算對方這樣鼓勵，你也不會真心覺得「是嗎，原來我做得到啊」，你還是會認為「對方只是在說客套話」。

這樣的作為只是透過讓周圍的人開口說「沒這回事」，來確認別人是不是還愛著自己。繼續這樣下去，無論過了多久都不可能得到滿足。

為了可以自然地產生熱情所能做到的事

我希望心中無法產生熱情的人，可以大大方方地面對怯懦、消極的自己。

請將「自己反正是○○」這類的負面想法全部寫到紙上，然後看著這些想法承認做不到的自己，比如「原來我也有這樣氣餒的一面，覺得自己既是○○，也做不到△△，而且□□也不行，像這樣來數落自己」。

說到底，人之所以會像那樣數落自己，從潛意識的層面來看就是因為「想要成為完美的人」。然而為什麼我們會想要成為完美的人呢？各位不覺得就算完美的人出現在眼前，對方也肯定是個無聊的人嗎？

每個人做得到與做不到的事情都不同，有時候能幫到別人，有時候又被別人所幫助。自己不擅長的地方、做不到的事情只要請其他人來幫自己就可以了。

與其花心思、浪費能量在迫使別人說出「沒這回事」，還不如把能量消耗在找出自己美好的地方並予以認同。如果你想這麼做，不妨積極嘗試第114頁所介紹的【方法⑧】來寫出自己3個很好、很值得嘉獎的地方。

察覺富足並接受

富足是周遭的人們與環境給予自己的條件

如前面章節所述治癒自己、認同負面的自己後，在這個過程中就會收獲各式各樣的「富足」。

各位有想過「富足（豊か）」是什麼意思嗎？根據廣辭苑的說明，富足的意思是「滿足且內心從容的樣子」（《廣辭苑 第七版》新村出／岩波書店）。自己對什麼會感到滿足，足以讓內心從容不迫，這是很值得大家仔細思考的問題。

為了進一步收獲富足，首先要知道的就是自己會對什麼事覺得富足，並將想到的全部寫到紙上。每個人的答案都不會一樣，享受富足的重點也不盡相同。

此外隨著你對自己身邊的人抱有多少信任度，能夠收獲到的富足也會有相當大的落差，有時甚至超乎想像。

所謂超乎想像的富足，都是周遭的人們與環境給予自己的。

也就是說自己身邊能不能有更多更好的人與環境，為自己帶來富足，都取決於你心中是否擁有相對應的印象。

從反例來思考就很好理解了。

如果你總是想著「大家應該都很討厭我」、「反正一定會背叛我」、「我無法信任你們」、「反正只有一開始才對我好」等等，無法對周圍的人或環境抱持信賴，那當然就不可能得到富足，化作現實的只會是這種消極的思考而已。

為了接受富足
必須以信任為基礎來看待事物

之所以沒辦法完全信任其他人，或許是因為過去曾有過「遭到背叛」的經驗，使負面思考不斷累積在潛意識當中。

可之所以創造出了被某人背叛的現實，追本溯源也是因為自己一直都背叛了某個人。當然，這很有可能是在你不知不覺間造成的。

話雖如此，心中果然還是會產生「深信某人卻遭到背叛很可怕」的想法，所以我們會害怕信任他人。

這就等於在說「如果你能讓我相信，那我就相信你」、「你要先展現誠意給我看」，是以「懷疑對方」為基礎來看待人際關係的。這簡直就像猜拳時一直慢出，繼續下去的話永遠都無法擺脫「懷疑對方」這個基礎。

從今以後**請下定決心以「信任」為基礎**來看待事物吧。然後改變自己的思維，將自己的想法轉換成「信任周圍的人與環境」、「喜歡相信大家的感覺」。

不經意想到這件事的時候，**就試著念誦「我喜歡相信別人」這句話**，這麼做一定能慢慢打從心底相信周圍的人與環境，進而開始相信自己。還請多加念誦看看喔。

其他人的價值觀能夠拓展自己的可能性

工作回家坐在電車上或是外出旅行搭乘新幹線時，環顧四周幾乎所有的人都在滑手機。稍微瞄一眼會發現許多人其實是在玩遊戲。

由於我本身不玩遊戲，因此起初我會想「原來有人會把時間花在遊戲上啊」。

可是從某個時期之後，我開始會想「這些人其實是結束工作後，在疲累的回家路上透過遊戲來為自己重開機」。

若舉個跟遊戲類似的例子還有電視節目。對電視節目沒興趣的話，可能很難理解喜歡看電視的人所抱持的價值觀，但有些人看電視或許是在重新整頓心情，也有人會從電視節目裡獲得許多資訊並活用在工作與人生中。

我們在面對與自己深信的價值觀完全不同的價值觀時，往往會升起一股想要否定對方的情緒。**但之所以會見到與自己不一樣的價值觀，其實是因為潛意識正在釋出訊息，告訴你「自己身上也蘊含著選擇那種價值觀的可能性」。**

我們會通過周圍的人，來實現僅憑自己無法經歷透澈的事物，因此當面對其他人的價值觀時，你就當作那是潛意識給自己的展示，並意識到自己也有做出那種選擇的可能性。

最重要的是請不要否決出現在眼前的事物。先別否定，而是先肯定那是潛意識要給我們看的東西，因為那或許就是能夠拓展自己可能性的關鍵。

若能養成先試著肯定的習慣，那麼當自己打算挑戰某件事情時，批評或否定自己的人應該就會大幅減少，取而代之的是將有許多人為自己加油打氣。

讓自己幸福之後
才有辦法讓其他人幸福

我們在前面介紹了各種有關思考的機制以及進行思考的方法。如果逐步在自己的生活中採納這些方法，那麼憑藉這一點一滴的累積肯定能讓人生變得更富足、更輕鬆。

其他人無法卸下你自己心裡的重擔，但從此以後**你就可以靠自己的力量卸下心裡的重擔了。**

我們在小時候沒有機會從學校學習到與思考的機制有關的知識。要是我們可以更早學到思考的機制，說不定人生就不會這麼痛苦了。

不過**即使是在長大成人後，只要願意學習這些知識也可以改變人生**。這是因為**思考會伴隨你一輩子**。若多加留意思考的機制，應該就能從中找到令自己改變的契機。

只有下定決心「一定要讓自己變得更幸福」的人，才能在真正意義上讓自己掌握幸福。

而也只有已經獲得幸福的人，才能幫助其他人獲得屬於他們自己的幸福。

【方法⑩】 為了察覺看不見的愛所做的誘導冥想

在本章的最後，為了察覺這個世界上那些還看不見的愛，讓我們一起來做一次冥想吧。

每天早上可以醒來、能夠呼吸、能夠活到現在，不論哪一個都不是理所當然的。

請懷揣著這樣的心情，先將以下的說明全部看過一遍後再開始冥想。

輕輕閉上眼睛。

放鬆全身，稍微挺直背部。

接著做3次深呼吸。

這時應該會慢慢覺得心情舒暢許多，身體還有種溫暖的感覺。

你至今為止都活在與許多人一同建立的聯繫中。

美好的相遇、令人驚訝的邂逅，在與各式各樣的人產生的聯繫中，你的心逐漸發育成長。

開心的事、快樂的事、悲傷的事、生氣的事。

你現在有過各式各樣的經驗了，而接下來要在這許許多多的經驗裡，出發去尋找你以往都忽略掉的「愛」。

你好不容易從出生之日活到了今天。這並不是理所當然的事。
祖先們一代又一代地將生命傳承到現代，而有人則在你剛出生時照顧你，讓你好好活了下來。

你開始能去上學、讀書寫字。
不僅身體能自由活動，也能自己吃飯了。
你可以呼吸、可以沐浴在陽光下，體驗「好溫暖喔、好舒服喔」的感覺。
你還有一顆能在接觸人們的溫柔後會升起一股感激之情的心。

這一切都絕非理所當然的事。
每一個都是宛如奇蹟般的美好經驗。

了解到這並非理所當然後，就能感受到更多喜悅與感動，品味這個世界的樂趣。

你現在腳邊所踩的地方有大地，有地球。

將注意力轉移到地球的中心吧。

然後再繼續將注意力轉移到你的頭上，越過房間的天花板來到天空的盡頭、來到宇宙空間。

不論地球的中心還是宇宙的彼端，現在的我們都無法實際用眼睛觀察到。

即使如此，在潛意識的世界裡大家都還是連結在一起。

地球中心、宇宙彼端、潛意識都是同一個世界。

雖然眼睛看不到用手摸不到，但的確總是守護著你，始終愛著你。

它們會不斷為你注入無償的愛情。

地球中心、宇宙彼端、潛意識……

請試著對這些事物看不見的愛表達你的感謝之情吧。

謝謝。謝謝。謝謝。

這份感謝終將創造出會愛你、守護你的人們。

你的世界由你自己創造。希望你能活得平穩、活得安心。

那麼讓意識回到周圍的物體、聲音以及你的身體裡吧。

最後請睜開眼睛。這樣就結束冥想了。

閱讀感謝周遭一切事物的《The Magic魔法》

《The Magic魔法》（方智出版）是一本二〇一二年發售的書，作者是朗達・拜恩。

內容大致是「感謝所有的事物」，並提倡用28天的時間進行感恩的練習。

越是認真投入這項感恩的練習，越能了解到以往的自己是多麼不知感恩，一輩子都以不滿的情緒為基礎來看待事物。

我們在感謝他人時不會成為受害者。

我們是否能活得安心愉快，都取決於感恩過後能夠減輕多少受害者心態。

當我想要重置現在的狀況，或想要帶著全新的心情開始做某件事時，我都一定會取出《The Magic魔法》然後重新實踐這些感恩的練習。

這麼一來很不可思議的是出現巧合的次數會變得越來越多，而巧合的次數增加，也就代表你處於潛意識與顯意識相處良好的狀態。

還請各位都能反覆實行《The Magic魔法》當中所提到的感恩練習。

第5章

【Q & A】
重新審視
潛意識的要訣

面對家人、朋友、健康、工作與金錢等等，不論是誰，多少都會有一些煩惱和疑問。而這些煩惱和疑問，其實也全都是自己思考的一部分。

如果可以學會從「一切都是由自己的思考所創造」這個視角來看，那麼總有一天就能消除這些煩惱和疑問，心情也會變得更加輕鬆暢快。

在本章中，我將介紹多個案例，這些都是來我的講座上課的學員向我提出的諮詢，我會實際向他們做出以下的解說。

※為了隱私，文中內容已經過部分修改。人名為化名。

家人、人際關係的煩惱

一直認為父親「很糟糕」以及協議離婚中與丈夫的關係

Q

目前我與丈夫正在進行離婚協議。因為我曾在思想的學校學過，丈夫是由父親的形象中所創造出來的，所以我試著回顧與父母親之間的過往。我發現我的心中果然還是充滿對父母親的負面情感。

我最在意的是我「京」這個名字。我曾聽附近鄰居說「妳爸爸有說過『因為生於京都，所以用京這個字就好了』才為妳取了這個名字」。就因為他像這樣隨便取名，才害我被別人取笑過（譯註：「京」的日語發音與「今天」相同）。從此以後我對父親總抱有「糟糕透頂」、「可惡」的印象。

我真的很討厭這個名字，以至於在工作上我甚至會用其他名字代替。可是每次使用不同的名字，我都會有種「每天都在撒謊」的想法。

另外我高中生的時候曾經偷過幾次東西，事情敗露後傷透了母親的心。我離婚的原因之一，也是因為私自動用金錢被丈夫知道了。丈夫曾怒罵我「妳根本是騙子！」。

如今我才發現我從小時候就一直反覆犯下類似的錯，這讓我因此感到非常失落。（諮詢者：京小姐）

A 周圍的一切100%都是由自己的思考所塑造的，從這個角度來看自己的名字就不會是「父母」取的，而是「自己」取的。妳可以先思考看看妳為什麼取了「京」這個名字。

京小姐生氣的是父親用一個隨便的理由取了名字，而且這個名字還害自己被取笑。這其實代表京小姐的潛意識中擁有看不起父母親的思考，而且程度非常強烈，所以被別人取笑時才會有這麼激烈的反應。

如果自己心中沒有「看輕別人」、「瞧不起別人」的思考，那就不會發生「我被取笑了」這種事。

而京小姐在面對各種現實時，都從「父親最糟糕了！」這個基礎出發。妳的狀態等於是不管做什麼都像在搜集父親很差勁的證據，現在的妳就只能創造出這種現實。再這麼下去妳就會接受自己「很糟」、「很惡劣」的評價，在現實世界裡也只會不斷發生被別人說「妳真的很差勁」的事情。

還有一點是關於妳在金錢的事情上一再撒謊，然後被揭穿、被斥責。這其實是**妳覺得沒有人愛自己的證據**。

雖然妳很清楚偷竊、說謊都是壞事，但還是忍不住一再犯錯。這也就是說妳是刻意做壞事來試探對方，想質問對方「就算這樣你還愛我嗎？」。

若妳想要改變這樣的現實，請轉換成以下這種思考。

「之前始終都很鄙視父親，覺得『爸爸真差勁！』，結果就只能創造出這樣的現實。可是以後我想開始尊敬父親，希望自己能喜歡上父親。我想成為這樣的自己。」

只要像這樣增加「最喜歡爸爸了！」的思考，那麼從周圍傳來的就不會是聽起來很像在看不起自己或令人火大的話語及資訊，而是會轉變成其他正面、友善的資訊。

另外，**在心裡培養從以前開始父母就很愛自己，以後也會繼續愛下去的感覺**是很重要的一件事。

令人意外的是，有許多人深信「父母從來不愛我」，但父母是不可能不愛小孩的。因為如果妳沒有接收到父母的愛，那妳現在就不可能活著，畢竟嬰兒要是沒有接觸到來自父母的關懷與愛，就會死去。從以前到現在，父母都絕對愛著我們。

增加這種「父母一直愛著我」的思考，有時候就會偶然翻到小時候受父母寵愛的照片，或是一起參加家族旅遊時買回來的禮物。這麼一來，我想妳就不再會刻意做壞事試探別人，不再需要問別人「就算這樣你還愛我嗎？」

京小姐現在可以開始做的，就是思考自己為什麼要取「京」這個名字，並下定決心想起父親一直以來對自己的愛，成為能夠尊敬父親的人。

我想令尊其實是在經歷一番深思熟慮後才為京小姐取了這個名字，他的那番說辭說不定只是在掩飾自己的害羞而已。

Q 丈夫拒絕離婚的情感表露的是「我也想愛家人」的思維

我與丈夫做了2次離婚調解，但丈夫拒絕離婚，2次調解都沒有成功。丈夫的個性像是瞬熱式電熱水器一樣會因為一點小事立刻暴怒，而且酒品很差，我也曾經被打過。

因此我試著從思考這個層面來審視離婚不成立的理由。離婚之所以不成立，是因為養小孩我需要錢，我認為我是執著在丈夫的薪水上。

我曾經想過盡量感謝丈夫的付出，摸索不離婚也能維繫下去的方法。但是當丈夫出現在眼前時別說感謝了，甚至會想要拒之千里。

此外3個小孩之間的互動也讓我有種好像被迫觀看我們夫妻關係的感覺。長子常常對2個妹妹說「妳做不到這個」、「妳不可以做這個」，而妹妹們則會跟哥哥回嘴「你在說什麼蠢話!?」，彼此間總是在吵架。他們這種互動我想完全就是我自己造成的。

我該怎麼重新審視我的思考並做出應對呢？（諮詢者：千里小姐）

A

我覺得千里小姐心裡想的，應該是想愛自己的家人吧。

既然妳先生在面對離婚協議時會說「我不離婚」，那麼喝酒鬧事其實是處在一種想要表達「多珍惜我一點」、「就算這樣你還愛我嗎？」於是任意妄為的狀態。

實際上妳先生的狀態就代表了千里小姐妳自己。妳先生所展現的就是未能得到治癒的妳自己。千里小姐心裡想的其實也是「再多愛我一點」。

當孩子們在千里小姐眼前吵架時，千里小姐想的應該是「大家別吵了，你們應該要相親相愛」。這也就是代表，妳想對自己說的其實是「夫妻之間應該要相親相愛」。

如果妳真的下定決心要離婚，那麼現在的狀況應該是妳先生願意接受離婚。先生會說「不想離婚」這件事本身就是千里小姐隱藏在內心深處的真正心聲。我認為**妳的潛意識其實抗拒離婚，妳真正想要的是繼續愛著丈夫。**

請不要拒絕喝酒鬧事的丈夫，而是試著重新審視自己，妳應該會得出「我自己其實也不負責任，所以丈夫才會像這樣展現了我的思考」的結論。

另外也可以試著實踐我們在第61頁提到的方法，將覺得丈夫很糟糕的地方置換成值得稱讚的優點。

比如說妳可能覺得丈夫「易怒」的地方很差勁，而妳也真心希望丈夫可以保持「坦率」的特質。現在妳可以在心中想像丈夫的胸口貼了一張大貼紙，上面寫著「易怒」，然後妳就把那張貼紙撕下來，重新貼上一張寫著「坦率」的貼紙。請每天做這個思想練習好幾次。

於是千里小姐對於妳先生的印象應該就會慢慢得到改變。明明至今為止都只能創造出「易怒」這個形象，但現在可以創造出丈夫很坦率的現實了。而且我想千里小姐自身也不再會對丈夫有所防備，可以自然而然地說出「希望你這麼做」、「謝謝你」等真情表白。

長年深信「我得不到喜歡的人」所帶來的痛苦單相思

Q

我現在正單戀某個人。雖然我想更了解她，拚了命地向她搭話並積極做出兩人之間的共同點，但對方總是逃離，這讓我感到很痛苦。

我開始覺得是不是放棄追她會更好，可是我該怎麼消除這份「喜歡」所帶來的痛苦情緒呢？（諮詢者：聖也先生）

A 會覺得「痛苦」是因為你心中強烈認為「我到最後還是無法得到她」。明明就想得到對方，但卻一直加強得不到的想法，於是就會產生「好痛苦、好痛苦、好痛苦……」的情緒。

因此雖然就此接受「痛苦」的情緒也可以，但也請試著跟自己說「那就表示我深信自己絕對得不到對方吧，我可不想要這樣」。

然後**不要專注於激發那些負面思考，讓負面思考越發膨脹，而是專注在增加其他全新的思考**。從戀愛這件事上稍微移開視線，去尋找其他能夠投入精力的愛好，把自己的能量灌注在那件事情上。

一個人熱衷在某件事情上的模樣看起來會特別開心、閃耀而且充滿魅力。而不論是誰都喜歡接近有魅力的人。比起感到「痛苦」的聖也先生，看起來開心又有魅力的聖也先生肯定更吸引人。

不過我想還是會有人找不到想要投注精力的事情。

會說自己找不到興趣、找不到想傾注心力的事，是因為處在對人生絕望、想放棄人生的狀態。

這時最好繼續學習思考的機制，並每天都請留意自己心中沉默的怒氣，把怒氣遏止住不再讓它繼續膨脹。這麼一來心情會慢慢變得輕鬆，心中自然就會浮現出「我之前想做看看這件事」、「我好像喜歡這個」等念頭。

去做日光浴、去咖啡廳喝杯咖啡、去泡三溫暖、去泡溫泉、試著寫部落格等等，就算是一點小事也沒關係。只要覺得「這麼做很開心」，那麼這份心情就能讓你改變現實。

Q 看不起父母的想法創造了無法自立的兒子？

我想談談關於我那30歲的兒子。前幾天我跟他說「你的臉色看起來有點不好」，結果隔天他卻暴跳如雷地說「不要講我的臉的壞話！」，差一點就要遭到暴力相向了。

兒子在中學時期曾經拒絕上學，在家裡大吵大鬧。在他大鬧時丈夫為了保護我，結果揮舞的手臂打到兒子的下巴，從此以後兒子的臉就變得稍微歪曲，嘴巴沒辦法好好閉起來。

畢業後他曾離開家裡，進入與動畫製作有關的公司工作，但因為工作過於忙碌導致身體狀況惡化，所以我建議「你要不要回家比較好？」，於是他現在是在家裡工作。

即使到現在，兒子還是非常討厭被其他人看到臉或被人提及有關臉的事情，很少外出或與人碰面。可以的話我希望他能夠自立。（諮詢者：八重小姐）

A 本來在大原則上，關於小孩的事最好是放手不管，但在這次的諮詢中，我認為不應該忽視令郎有想要對母親出手的意圖。

請將這個舉動看作是**兒子對母親最究極的撒嬌**。令郎的狀態等於是擺著架子對八重小姐說：「再小心一點對待我啊！」八重小姐自身應該從以前開始就一直容許兒子這麼做吧？妳以往是不是都小心翼翼地事事順著他呢？

觀察八重小姐的思考，恐怕八重小姐對於妳自己的父母，也抱有某種令妳感到不滿、憤怒的心情吧。

比如以前曾有人跟我說：「爸爸工作認真，我不討厭他。」可繼續聆聽下去，對方才告訴我：「他一旦喝酒就喜歡說教，所以我其實討厭他。」那個人看到父親這樣的身影，於是就在潛意識中開始看不起他的父親，覺得他的父親不過是個「酒鬼老爸」。

儘管數十年前，孩提時期的記憶有時候會受到相當程度的美化，不過還是要請妳仔細想想**「我心裡是不是有個看不起父母的自己」**。另外八重小姐還希望兒子可以自立，但妳心裡是否依然有「我得幫他做些什麼」、「我得繼續照顧他」的想法呢？

因此八重小姐或許該去尋找一個能夠讓自己投入精力的工作或愛好，並且多出去走走增廣見聞。只有先在心中找到讓妳自己自立的事情，才能促成令郎的自立。

Q

對於不再保護自己的父母感到生氣時隱藏在其中的思維

家母年事已高，所以為了跟家母住在一起我重新整修了房子。

但我與家母之間從以前開始就有心結，一旦開始對話不知為何就會覺得煩躁，到最後甚至會覺得怒火中燒。

家母腿腳無力，行動只能靠我幫忙，我覺得事到如今我應該要負起照顧她的責任。若她能老實接受我的提議任何事情都能一帆風順，然而她實在不怎麼聽話。

另外，不知道是不是覺得女兒幫母親是天經地義，她也不常對我說「謝謝」。

儘管我認為必須要檢討與反思為什麼自己會那麼生氣，但不管怎麼做都不太順利。（諮詢者：裕子小姐）

A

不管是誰，最容易感到生氣的往往就是家人。即使是同一件事，別人做或許還可以裝作沒看見或原諒對方，但如果是家人做的就很容易發怒。

這是因為比起他人，我們更容易將自己的大量思考投射在家人身上。

換句話說，家人會向我們清楚展示我們隱藏在心裡深處的思考。

因此如同裕子小姐所說，我們得澈底思考我們到底是對什麼感到煩躁。

我在想裕子小姐說不定是對年老的令堂已經無法再保護自己這件事感到生氣。

我們不管到了幾歲，都還是會在心裡希望**「爸爸跟媽媽是能夠永遠守護自己的存在」**。畢竟在此之前，父母的確無條件地守護了我們。

可是當雙親年老後就難以再履行這個責任了，這對我們來說是非常難受、難以接受的一件事。這麼一來面對將會先我們一步前往天堂的母親，妳在潛意識裡就會感到非常惱怒，覺得「媽媽應該要保護我啊！」、「為什麼要拋下我離我而去!?」。

正因為是最愛的母親，若妳能察覺到自己心中有個會對此生氣的自己，那麼我想妳的煩躁就會減輕不少。

與此同時，令堂的態度應該也會漸漸軟化才是。

所謂小孩子不聽話
只是大人單方面那樣看待罷了

Q

我有2個孩子。由於我要工作，所以從他們很小的時候就會送去托育中心照顧，也因此在平日裡幾乎沒有與孩子相處的時間。

如今兒子已是國中生，女兒也國小3年級了，我則因為某些原因停職。我本來想說停職後可以跟放學回來的女兒一起玩或製作一些點心。

可是回過神來卻發現女兒一直都在看電視。原因似乎是因為至今為止回家後媽媽不在，哥哥也因為成了國中生比較晚回家，所以看電視就成為生活中理所當然的一部分。以後我該怎麼與女兒打交道呢？（諮詢者：望美小姐）

A 令嬡可能是覺得「就只有看電視才有樂趣」。我自己在兒子小學2年級時離婚，開始過著兩人生活。在我外出工作期間，兒子很常自己一個人玩遊戲，不過我從來沒有干預過他，有時間的話還會跟他一起玩遊戲，或帶他去電子遊樂場玩。

有些人會擔心小孩一直玩遊戲會變得易怒，或是荒廢學業、不再繼續念書等等，可是如果一直擔心這些事，那麼這些事就會化作現實。

在大人的價值觀底下，可能會覺得不想讓孩子玩遊戲，但這對本人來說，是足以讓他沉迷、非常具有魅力的存在。

他肯定也在這當中獲得了一些有價值的東西。

以我的兒子為例，他會開始自行摸索遊戲的攻略方式，並與夥伴們交換情報，我在其中感受到他逐漸成長的模樣。

畢竟也不太可能一輩子都一直玩遊戲。我也曾想過，如果他真的想繼續玩遊戲下去，那麼成為職業選手也是一條不錯的道路；不過，自某個時間點之後，他就完全不玩遊戲了。

我們大人往往會片面覺得小孩子熱衷於看電視、玩遊戲是一件壞事，但總有一些節目或遊戲能為小孩子帶來好處，令他們受益匪淺，有時候也會讓他們有一些新發現。所以我認為，不要讓心中的負面想像持續膨脹比較好。

妳可以問女兒「為什麼要看電視呢？」、「哪些地方很有趣呢？」或試著與她商量「現在我有空了，我想跟妳一起做這件事妳覺得怎麼樣？」。

我們常常帶著不安的情緒在看待事物。**藉由看穿不安的本質，或許也能改變親子之間的互動方式。**

健康、身體的煩惱

無法鍛鍊身體是因為「努力沒有回報」這種想法的錯

Q

我從國小開始到高中都一直有在運動，可是不管怎麼做手臂與肩膀都不會長肌肉，完全做不到吊單槓或伏地挺身。尤其高中時期我打的是橄欖球，上半身長不出肌肉是很致命的缺點。

但另一方面以大腿為中心的下半身肌肉卻非常結實。為什麼我就只有手臂與肩膀長不出肌肉呢？（諮詢者：中川先生）

A

我們都是在某種信念下創造了包含身體在內的一切。

身上長不出需要的肌肉，這可能是因為心中有著**「自己的辛勞不會得到回報」**這種信念。

作為讓自己察覺這種思考的手段之一，就是去回想小時候喜歡的童話或寓言故事。你會發現故事情節與自己的人生相互呼應的情況所在多有。

以我來說，我以前很喜歡《人魚公主》這個童話故事。

人魚公主拯救了在海中溺水的人類王子並對其一見鍾情。雖然她後來獲得與人類一樣的雙腳，但代價是失去她的聲音，因此就算後來再見到王子，卻沒辦法告訴對方自己就是人魚公主。在這之後，王子誤以為另一位公主是當初救了自己的人，於是選擇和那位公主結婚。人魚公主心碎不已，卻無法將痛苦的心情傳達給其他人。

即使有人給了她選擇權，讓她可以用魔法匕首刺向王子並恢復人魚之身，然而人魚公主並沒有這麼做，最後她選擇跳入海中並化為泡沫。這個故事令人哀傷，彷彿在說人是無法獲得回報的。

喜歡《人魚公主》的我便擁有這種「得不到回報」的思考傾向。在不知道可憐的《人魚公主》原來還有其他版本時，我將這個版本當成了自己思考的基礎。

喜歡《灰姑娘》的人或許會創造出常常使壞的人，並催生「可憐的我終有一天會被像是王子的人所拯救」這種思考方式。

喜歡《桃太郎》的人可能會創造出帶領著其他人想要打敗壞蛋，心中的正義感莫名強烈的自己。

中川先生也請回想小時候喜歡的童話，摸索自己的思考方式，我想你就能找到長不出肌肉的原因。

眼睛不適可能是
「想避開的事物」與「憤怒情緒」的累積

Q

家母與她娘家那邊的親戚大家眼睛都不好，我也在上幼稚園前就開始戴鏡片很厚的眼鏡。

從思考的機制來看，眼睛不好的家母和親戚們都是由他們自己所創造出來的，但我無法看出那其中隱含著什麼樣的思考。（諮詢者：花子小姐）

A

「眼睛不好」就代表「看不見、看不清楚」。我認為花子小姐的心中擁有「不想看」的某種強烈想法。請回想小時候發生的事，找出是什麼讓妳「想要移開視線」、「不想面對」。

另外還有一種找出原因的方法，那就是注意到身體與情緒是有密切關聯的（參照P73）。實際上常有人說**眼睛與肝臟相連，而肝臟與憤怒的情緒有關。**

每個人應該都不太想承認自己會發脾氣或怨恨別人吧，這是因為憤怒會被人討厭，往往被視為一種負面情緒。然而憤怒擁有相當驚人的力量，因此要是把憤怒當成壞情緒而不斷壓抑，那麼這份力量總有一天就會爆炸。

不斷壓抑的結果可能是自己爆炸，也可能是周圍會發生一些不好的事。

因此在即將爆炸前最重要的就是**好好面對並理解「自己心中原來也有這種憤怒的情緒」**，這麼一來妳就能重新將這份力量活用在其他有意義的事情上。

若花子小姐能重新審視心中「不想看」的想法以及憤怒的情緒，並藉此治癒自己，或許妳的身上就會產生某種變化。

從別人的身體不適得知如何面對不想處理的問題

Q

弟媳因視網膜剝離做了手術。我想說弟媳的思考中是不是隱藏了什麼，試著詢問了本人，最後她向我表白她與我的媽媽關係並不是很好。這件事會與我的什麼思考有所關聯嗎？（諮詢者：仁美小姐）

A

首先大前提是只要妳自己心中認為一切的事情100％都是從自己的思考而來就好，因此沒必要向妳的弟媳說明任何事。

弟媳的眼睛發生問題，可以推測可能是仁美小姐自己心裡有某種「不想看」的想法。妳是否有「不想面對這個問題」、「不想繼續看見這些事」等念頭呢？只要察覺並好好面對這一點，相信妳弟媳的情況也會好轉。

這邊希望妳注意的是面對「不想看」的東西時可能會讓妳感到失落、難過。雖然有些人會覺得「唉，都是我的錯」而感到沮喪，但我們並不是為了找戰犯才開始學習思考的機制。

以前我們並不清楚思考是如何化為現實的，只是放任思考恣意增加，於是思考就會失控而胡作非為，最後造成一些亂七八糟的事情發生。

「原來自己也有這種想法」、「以前不知道思考的機制也沒辦法，現在知道了真是太好了」請像這樣與自己的潛意識對話，並把各種思考都更換成更有活力的思考。

試著重新檢視攻擊性的思考

Q 身體不好是因為遺傳？

我長年為偏頭痛所苦，現在必須時刻攜帶著藥品，每個月也會倒下好幾次。

由於家母也有偏頭痛，我本來想說這既然是遺傳不如就放棄治療，但難不成這其實與我的思考有什麼關聯嗎？（諮詢者：上田小姐）

A

「偏頭痛」常被認為與遺傳有關，**但要是認為一切都是遺傳的錯，那就會將自己視為「受害者」**，進而把過錯推到某個人身上，比如「因為媽媽也是這樣，所以我才會變成這樣」。這可以說是一種**「攻擊性思考」**。

另外，自己思考的現實化也能影響到過去以及未來。往這個角度想，從「祖先們都有頭痛」這項情報可以看出自己心中引起偏頭痛的根源思考其實已經扎根很深了。

發生某些難以解決的問題時，我們會用「令人頭痛」這個慣用句。上田小姐不只是自己，連母親都患有偏頭痛，這可能是因為妳一直以來都強烈覺得「周遭環境全都是問題」所以才導致了偏頭痛。

「這個社會是很恐怖的地方」、「世界對我而言並不溫柔」妳的心裡或許在不知不覺間抱有了這樣的印象，希望妳能察覺這點並改變自己的思考。

改變思考後令堂的頭痛說不定就能得到好轉，又或是了解到其他更好的情報而非「祖先們都有頭痛」這種負面資訊。

還有一點，由於緊張型的人會頻繁引起頭痛，所以**最好自覺自己到底會對什麼感到緊張。**

妳的潛意識中可能存在「周圍對我投向嚴厲的眼光」、「總是發生不講理的要求」等印象，覺得這個世界是會逼迫我感到緊張的地方。

覺得世界很可怕這種想法會讓自己產生防備心並導致身心的緊張，於是身體與腦部變得僵硬，血液循環變差而引起了頭痛。

「不用這麼警惕也沒關係喔」、「世界很安全喔」請上田小姐像這樣跟小時候的自己輕聲述說，幫助她緩和情緒。

不過是把「遲鈍」丟給他人，讓自己沉醉於「敏感」的優越感罷了

Q

我在有其他人的地方完全無法放鬆。比如跟朋友去三溫暖時，雖然朋友可以在休息室躺下來睡覺，但我卻做不到。

我對聲音很敏感，警戒心也很強，應該算是比較纖細的個性。

除此之外我還有過敏。

我非常羨慕在任何地方都能放鬆的人，覺得他們很幸福。我可以藉由改變思考來改善這個問題嗎？（諮詢者：勝也先生）

A

對於特別纖細的人來說，周遭的人看起來應該很遲鈍吧；說得誇張一點，旁人看起來會像是「神經大條、不懂尊重的人」。

所以我希望你可以思考看看，自己心中是不是因為感到氣憤而覺得「大家要更體貼周圍的人啊！」、「我很纖細、敏感，你要對我好一點！」。

患有過敏也是同樣的道理。你會過敏就代表你與周圍的人或環境不是很合得來，因此才會引發過敏的症狀。「你們要配合我啊！」你可能隱藏著一顆孩子氣的心，會想要像這樣發脾氣、耍威風。

又或是你將與自己合不來的人或環境視為「敵人」，陷入一種總是否定周圍環境的狀態。

可是勝也先生身邊遲鈍的人，也是由你自己的思考所創造出來的，換句話說勝也先生的內心應該也存在著遲鈍這個特質。你應該要這樣看待這件事：其實你可能只是**讓自己負責敏感，然後讓旁人負責扮演「遲鈍」而已。**

然後也請下定決心**「以後要去發覺身邊的人纖細敏感的地方」**，這麼一來觀察身邊的人時，就會越發覺得「原來大家比自己想的還要纖細很多」。

簡單來說，這就是一個勝也先生的思考中敏感與遲鈍的份量問題。察覺到怒火中燒的自己、察覺到把周遭都視為敵人的自己，並決心「放下與減少敏感」，我想你會過得更輕鬆。

蕁麻疹發作是因為一直在心中「碎碎念」、發牢騷所導致

Q

我之前曾聽您提及「透過適度的慢跑與運動增加肌肉量可以加快思考的現實化」，因此我也開始跑步。之所以這麼做是因為我苦於膽鹼型蕁麻疹，覺得這可能與自己的思考有關。

可是慢跑後蕁麻疹的搔癢感會變得更強更難受，於是我只好改成快走。

雖然沒有像跑步時那麼癢，不過我還是想知道為了治好蕁麻疹，自己應該重新

——審視思考的哪一部分呢？（諮詢者：里美小姐）

A

蕁麻疹常被描述成「一粒一粒的」，而我們說一個人正在抱怨時也會描述成「滴滴咕咕地」（譯註：兩者的日語相同）。我希望妳可以想看看，這其實也就是在說內心的不滿在皮膚上表現出了蕁麻疹的症狀。

里美小姐開始學習思考的機制後，原本封印在內心裡的各種負面情緒得以鬆動，使妳目前正處在慢慢解放這些情緒的階段。

妳已經在心裡累積了數十年的負面思考。再繼續釋放自己的負面思考一陣子後，就嘗試與自己的內心對話，告訴它「好了，我知道了，原來我以前都是這樣想的」、「不要再繼續煩躁囉」、「不想再說別人的壞話了」、「原來我有這種不滿呢」。

要訣在於**不要審判自己的負面思考，而是帶著溫柔的心情全面地認同它，再詢問自己「我想怎麼做？」**。

於是思考會漸漸變得單純，回過神來就會發現自己心中的不滿與焦躁都消失殆盡了。接著妳就會透過各種形式，比如遇見好醫生、免疫力自然提升、學習以前不知道的體質改善法、碰見特別吸引妳的食材等等，逐步改善妳蕁麻疹的症狀。

工作的煩惱

Q 改不了遲到的毛病是想要引人注目的證據

我是遲到魔人。我從國小開始早上就爬不起來，每次都在關校門前一刻才趕到學校；成為大人後也是到了工作開始時間的1～2分鐘前才勉強趕到公司。當然，跟朋友約好見面也一定會遲到。

儘管我覺得這樣很差勁，但怎麼做都改不過來，甚至還做過遲到的夢。

遲到的習慣是從什麼思考中產生的呢？順帶一提，嘗試花的冥想（參照P21）後出現了「驕傲地綻放吧」這個訊息。（諮詢者：和久井小姐）

A

遲到會變得很引人注目吧。也就是說從思考的層面來看，妳是個「愛出風頭的人」。就算妳現在覺得「我才沒想過要引人注目呢！」，但這不過是顯意識的結論。在潛意識中，妳說不定就是想要引人注目。

和久井小姐在花的冥想中接收到的訊息，指的便是「『引人注目的方法』要值得自己驕傲」。

「原來我想要引人注目」、「該怎麼做才可以引人注目的同時又感到自豪」請像這樣與自己的潛意識商量，這麼一來妳就不會透過遲到而是其他形式吸引別人的目光，成為值得驕傲的人。

如果感受不到愛恐怕會頻頻出包

Q

我在工作上很常出包，而且頻繁到每天至少會在某件事上出包1次。具體來說就是跳過郵件裡很重要的部分、寫錯日期、搞錯時間等等。有時候事態還會發展成主管要替我向客戶那邊道歉。

明明只要我仔細確認就可以避免這種問題，但不管怎麼做就是做不到。這是不是因為我心裡有「希望別人看我」、「失敗後也希望別人原諒我」的思考呢？（諮詢者：麻美小姐）

A

這背後的確可能隱藏著「理我一下嘛」的思考。搞錯日期、時間這個問題只要多檢查就可以解決了，並不是特別困難的事。或許不知不覺間妳心中還產生了「不想照你說的做！」這種反抗心態。

另外還可以想到妳可能是在試探主管，有著「做什麼會惹對方生氣呢」、「他可以原諒我到什麼程度呢」等念頭。

事實上這些都來自於**「想確認父母的愛」**這種思考。所以請像以下這樣跟自己心中的「小麻美」述說。

「『就算做到這種程度，媽媽跟爸爸還是會愛我嗎？』妳肯定想測試這件事想得不得了吧。不這麼做就沒辦法衡量自己的價值。因為對自己是否被愛感到不安，所以不得不去試探這件事。可是媽媽跟爸爸其實都用不求回報的愛養育小麻美喔。所以妳不用再去試探了喔。與其刻意出錯，在提心吊膽的同時試探他人，還不如將那份能量用在自己真正想做的事情上。妳可以更安心一點喔。」

像這樣跟小麻美說話時，妳也可以感受小麻美的表情變化。每天向她述說，當腦中可以浮現小麻美笑咪咪的模樣時，這就表示妳與她的對話已經完全傳達進潛意識裡了。

忙得不可開交是因為自己單方面斷定「部下不可靠」

Q

現在最令我煩惱的是勞動時間相當長。我身為服務業的主管，工作本身做起來非常開心，可是熱衷於工作後回過神來每天都是搭末班車回家。

想到這種生活可能會持續到退休，我就有種強烈想離職的念頭。然而每次去到職場又陷入相同的狀態裡。

我還跟我的高中生女兒2個人住在一起，但我覺得沒能好好傾注我的愛給她。女兒因生病向學校請假一個禮拜時，我上班前明明腦袋想著「晚上趕快回家幫她做飯」，可到了職場就忘得一乾二淨。

我已經不知道我到底想做什麼了。（諮詢者：飯田小姐）

A 我認為妳在顯意識裡有各式各樣的想法，比如「工作起來很有意義」、「我不親自來做別人就搞不定工作」、「想為了孩子減少工作量」、「減少工作量後薪水會變少，我還是做不到」等等。

先將這些顯意識的想法放一邊，你首先要思考自己的理想狀況是什麼。

舉例來說「薪水不變，但可以準時下班」、「部下順利完成工作，自己可以只專注在需要背負責任的工作上」等等，這些都是可以努力的目標，妳要先決定好一種理想狀況。

然後試著詢問自己「要達成那樣的目標該怎麼做才好？」。以飯田小姐的情況來說，妳可能需要下定決心努力去「請求別人幫助」、「委託給別人」、「倚賴別人」。不要覺得「這種事我自己來比較快」、「對部下來說還太難了」，而是**將可以交給別人做的事都交給別人，可以依靠別人的事就依靠別人處理。**

說不定妳是認為部下「不值得依靠」、「幫不上忙」，可是從思考的機制來看，部下之所以不可靠全都是飯田小姐自己造成的。從今以後請在心裡改變對方的形象，覺得對方「是個可靠的部下」、「是個會幫助自己的部下」。

尤其女性分為2種人，一種是「太過依賴別人以至於什麼都做不好」，另一種是「過於自立以至於諸事不順」。

飯田小姐肯定是後者的過於自立。「我得做些什麼」、「我要自己做！」妳應該是像這樣過於拚命了。再這麼下去就會搞壞身體不得不辭掉工作，結果創造出必須強制接受他人幫助的狀況。在事情演變到這個地步前，先從自己做出改變才是順利完成工作的關鍵。

澈底依賴別人、請求別人協助。請試著將這種「要別人幫忙的我」當作目標吧。

看輕異性的思維會催生男女糾紛

Q

我在公司裡處於各個部門都會來找我商量的立場。自從開始學習與思考有關的知識後，男女之間的糾紛或性騷擾等案例便增加了不少。

由於我曾有離婚的經驗，所以我想這種狀況是不是因為我正在否定自己的女性特質，於是重新審視我對前夫的思考。

結果心裡有了一些想對前夫說「對不起」的念頭。

即使如此這類案例依然層出不窮，這可能是我哪一個部分的思考所導致的？

連面對父母的思考也要再檢視看看嗎？

順帶一提對於家父，我從小時候就很尊敬他，甚至想跟他成為同一個職業。

至於家母在為人處事上還比家父更優秀，我也很尊敬她，只是說相較於家

——父，我找到了許多覺得家母令我討厭的部分。（諮詢者：美希小姐）

A

我認為美希小姐自己確實有「希望有人愛著作為女性的自己」這類的思考。

另外，有些人在過去曾有不被作為女性珍惜的經驗，比如**曾在現實體驗到像離婚這樣的事，那麼這些人心中或許就隱藏著瞧不起異性的思考**。

既然如此，過去的美希小姐可能一直都看輕了男性。只要檢討這樣的思考，我想與男女關係有關的諮詢就會減少許多。

順帶一提，如果下定決心「以後不再看輕前夫了」，那麼在現實裡就會開始看不到瞧不起男性的人。相信這些不好的事情會漸漸遠離美希小姐的現實。

另外，如果妳心中真的充滿對父親的尊敬，那麼打從一開始就應該不會創造出看輕前夫的思考。

說不定妳是因為太過喜愛父親，覺得「媽媽不像爸爸那般這麼照顧我」，所以才會對母親感到氣憤。

實際上在大多數家庭裡，日常生活中媽媽照顧孩子的時間就是比較多，因此時常會被媽媽叮囑這個那個，導致許多小孩覺得「爸爸比較溫柔，更喜歡爸爸！」。

於是形成「溫柔的爸爸＝爸爸一定會聽我的話」這種邏輯，這可能會進一步產生稍微小瞧爸爸的思考方式。當這樣的思考累積起來後，結果就是妳或許並不是真的打從心裡尊敬爸爸。

所謂的尊敬父母或許也只是「事後追加」的情感，是因為在成長過程中學到了「我們應該要尊敬父母」的美德，或只是在某些場面中不得已才說「我很尊敬父母」。

每次察覺到自己正看輕父母、前夫或男性時就中止這樣的思考。若可以將這個過程堅持下去，那麼妳的周圍一定會發生某種變化。

就算覺得這是一段理不清的緣分，換個思維或許就能一刀兩斷

Q

我目前任職於經營店鋪的公司。過去我一直都與年紀比我小的同事互相切磋，想要提升店鋪的熱度，但最近不知道為什麼感覺越來越煩悶和焦慮。

我認為自己之所以對她感到不耐煩，是因為我過去可能也曾做出像是看不起別人的事，所以試著把以前的經歷寫出來。寫出幾個人後，我在心中一直對著這些人道歉。

然而前幾天，她卻跟我說「我要辭掉這份工作了」。我腦中有些混亂，畢竟我想要的是「重新審視思考後像以前那樣再一起工作」，沒想到她卻要離職了。她離職後工作可能會變得很辛苦，我該怎麼做比較好呢？（諮詢者：佐倉小姐）

A 佐倉小姐似乎是個善於運用思考的高手。看輕別人的思考會把自己視為受害者，覺得「為什麼這個人這麼過分？」。但是在看到對方後，佐倉小姐便立刻發現自身看輕別人的思考，這表示佐倉小姐拒絕再當一個受害者了。

換句話說，至今為止累積的「看輕別人的思考」已經不會再增加了，相反地甚至還遠離了妳。也因此以前看輕佐倉小姐的她現在也自然而然地離妳遠去了。又或者是說她可能已經轉變為一個非常好的人，想要向妳道歉「一直以來都對不起妳了」。

她辭掉工作或許是會讓工作變得更辛苦，但一定會有非常棒的新人進來公司。

畢竟妳已經察覺到「看輕別人的習慣並不好」，那麼接著只要下定決心**「以後都要找出身邊的人最棒的優點」**，那麼今後佐倉小姐周圍一定會出現為妳加油打氣，能夠進一步加強佐倉小姐優點的人。

不將過錯推給他人的思維
可以引領出自己真正的力量

Q

結婚到現在超過三十年，在回顧自己的人生時忽然發現「到現在不論面對什麼事都沒有將真正的實力完全發揮出來」。不管是育兒還是工作，當下的自己都覺得算是有拚命去完成那些事情了，可是現在回顧總有一種「因為我得把它做好，所以才去做」的感覺，而不是「這是我想做的事，所以我做了」。

我目前心裡有個強烈的想法，希望自己今後能以個人事業主的身分工作，並能賺到足以自立的金錢，但我對於「完全發揮實力」這個部分卻感到不安與困惑。

想請您告訴我為什麼我會感覺到不安，我的心裡又有什麼樣的思考呢。（諮詢者：千枝小姐）

A 自己沒能完全發揮實力，也就是說這背後可能有著「發揮實力會很困擾」的思維。

千枝小姐可以先把真的完全發揮實力後在工作上會發生的壞處，以及大獲成功後反而會令人感到困擾的事情全部寫出來看看。

比方說「自己會沒有自由時間」、「兼顧家事跟工作很辛苦」、「不想賺得比丈夫多」、「想要丈夫多賺一點」、「其實不想做這麼多工作」、「想要懶洋洋地過生活」等等，說不定都會是一些與現在千枝小姐顯意識裡的想法有所矛盾的事情。

儘管我想千枝小姐應該是一位什麼都能做到好的可靠女性，不過妳也需要體諒心裡那份想要懶散度日的心情。

「因為對丈夫的薪水不滿意，所以我只能去工作了」、「因為我得照顧父母親，只好勉強去工作」說不定**妳在潛意識裡會像以上這樣認為「都是〇〇的錯」**。

請對上述這些想法表現出完全的理解，然後想像出一個年紀為幼稚園小朋友的千枝小姐，帶著溫柔的語氣跟她說「妳不喜歡把過錯推給丈夫對吧？妳是不是很想嘗試自己的力量，體驗完全發揮出實力的爽快感呢？」試著鼓起她的幹勁。

我想只要認同自己心中的懶散，那麼不論工作還是生活都能過得更加順遂。

後記

在我擔任校長的「思考的學校」裡，來上課的許多學員們都獲得了各式各樣的富足。

每位學員在來到「思考的學校」前，各自的心中都有著心結與煩惱。

我自己在開始學習思考的機制前，也對自己的伴侶關係和親子關係抱有深刻的苦惱，這令我非常難受、痛苦萬分。離婚後與孩子2個人一起過著在金錢上並不富裕的拮据生活。

可是在學習思考的機制後我總是詢問自己「自己心中有什麼想法」、「自己以後想變成怎麼樣」，以這種方式與自己對話並檢視自己，最後治癒了自己。

而當時許下的願望一個又一個接連實現，如今的我正過著一帆風順的人生。

相信許多人翻開並閱讀這本書時，也像過去的我一樣內心充滿難過、痛苦和悲傷的情緒。

只要學習思考的機制，我想變化就會一點一點地、漸漸地到來。

各位完全不需要感到焦慮，覺得變化怎麼還沒發生，因為我們想要的並不是做出什麼驚人的成果，而只是想獲得能夠安心生活的世界。

自己最棒的夥伴就是自己——

還請不要傷害自己，好好地靠自己的力量治癒自己，然後將思考化作確切的現實。

二〇二四年六月吉日

宮增侑嬉

【作者介紹】

宮增侑嬉

1974年出生於神奈川縣。2016年成立「一般社團法人思考的學校」，2024年成立「合同會社INOCHITERASU」。因離婚契機開始學習自我成長、心理學等領域，並在過程中了解到「思考現實化」的原理，實際實踐後，人生順利好轉。為了讓更多人了解「思考現實化」的運作方式，創立了「一般社團法人思考的學校」。以超過20年的諮詢經驗為基礎，提供淺顯易懂的解說，廣受好評。目前主要從事認證講師培訓課程及社群經營相關活動。著作有《宇宙一ワクワクするお金の授業》（昴舍）、《潛意識魔法：七天創造你的理想人生！》（世茂）、《思考的力量：察覺帶來的人生轉變》（楓書坊）、《超開運法　神さまに応援される人になる》（商業社）。

潛意識在說話

99% 的人生問題，源自沒察覺的思考

出　　版／楓葉社文化事業有限公司
地　　址／新北市板橋區信義路163巷3號10樓
郵政劃撥／19907596　楓書坊文化出版社
網　　址／www.maplebook.com.tw
電　　話／02-2957-6096
傳　　真／02-2957-6435
作　　者／宮增侑嬉
翻　　譯／林農凱
責任編輯／陳亭安
內文排版／洪浩剛
港澳經銷／泛華發行代理有限公司
定　　價／380元
初版日期／2025年９月

國家圖書館出版品預行編目資料

潛意識在說話：99%的人生問題，源自沒察覺的思考 /宮增侑嬉作；林農凱譯. -- 初版. -- 新北市：楓葉社文化事業有限公司, 2025.08
面；公分

ISBN 978-986-370-845-2（平裝）

1. 潛意識　2. 思考

176.9　　114010793